立命館大学スポーツ健康科学部GATプログラム 編

グローバル・アスレティックトレーナーがつくる
スポーツの未来のかたち

GLOBAL
ATHLETIC
TRAINER

晃洋書房

の栄養，休養（睡眠）の取り方などの科学的アプローチが，パフォーマンスを向上させてきています。加えて，指導者はそのような科学的なアプローチを理解して，技術的な指導が行えるようになってきています。一方で，パフォーマンスの高度化は，傷害のリスクを高めることにもつながってきており，そのリスクを減らし，また傷害を負ったときにできるだけスムーズな回復を担うアスレティックトレーナーについては，人財の不足と指摘されてきていました。

　立命館大学では，大学スポーツの振興と高度化の観点から，1998年4月にスポーツ強化センターを立ち上げました。それまでにも，専任コーチ制度などもありましたが，本格的な事務局体制，専任指導スタッフ（技術指導スタッフ）に加えて，スポーツ傷害などのメディカル部門の強化を担うATCの資格を有する専任アスレティックトレーナーを1名雇用しました。日本初の課外スポーツ支援の専門部署が設置され，アスレティックトレーナーが配置されました。このことは，この物語の種のようなものです。「する」現場において，技術指導の観点だけでなく，メディカルな観点から選手に寄り添い，サポートする環境があることで，選手は安心して競技，トレーニングに打ち込めるからです。

　このような歴史があり，2010年の学部開設前の委員会で，何とかアメリカの資格ではあるが，このATCの資格を本学の学生に取得させられないのか，と議論をスタートさせました。スポーツ現場でのアスレティックトレーナー（ATC）は，プロスポーツ，サーカス，劇団，大学，高校など広い分野，かつ世界中で活躍していることを知っておりましたので，このようにグローバルな活躍ができるアスレティックトレーナーを養成すべく，教授会ならびに各委員会で議論を重ねてきました。とりわけ，本書掲載のコラムにもありますように，藤田聡教授には何度も弾丸ツアーのような出張をお願いし，先方との関係構築をしてもらい，契約締結まで対応してもらいました。もちろん，事務室の山内環さん，段松冴恵子さんの献身的なサポート，ATCの資格を持つ岡松秀房先生，寺田昌史先生，そして現場のアスレティックトレーナーとして本学のスポーツをサポートしてきてくれた東伸介さん，現在のサポートしてくれている松本秀樹さん，木幡裕美さんの活動と活躍がなければ，日本で初めてのGAT（Global Athletic Trainer）プログラムを，立命館大学スポーツ健康科学部で誕生させることはできなかったでしょう。

　日本に無かったもの，アジアでもまだない教育プログラムを初めて生み出しました。その上で，本学部GATプログラムを終えて卒業し，アメリカのEast Stroudsburg

はじめに

　この物語は，日本でグローバルなアスレティックトレーニングならびにアスレティックトレーニングに携わる人財育成を目指した，立命館大学スポーツ健康科学部の取り組みの一端を紹介したものです。その教育プログラム，実践プログラムはまだまだ発展途上でありますが，スポーツ健康科学部ならびに大学院同研究科の開設10年の節目にあたり，これまでの経過と今後を展望するために，物語風にまとめてみることにしました。ですので，登場人物，背景などは仮想であることをご了承ください。もちろん，コラムを中心に実践している教育プログラムの内容は現時点でのものをまとめています。ただし，この教育プログラムにつきましても，毎年更新がされるものですので，あくまでも現時点でのものとご理解ください。

　立命館大学スポーツ健康科学部は，2010年4月に開設されました。大学院スポーツ健康科学研究科も同時に開設され，この分野における教育・研究拠点として大きな期待とともにスタートしました。既に，同名あるいは類似，近接の学部は多く設立されておりましたが，この分野の最先端の教育・研究を目指して，そのことを担える教員・研究者，施設・設備を配置して，「10年後には少なくとも日本一」を目指す学部・研究科を目指そうと教職員が決意を固めてスタートしました。

　当時，学園は中期計画 R2020 を策定中で，

　　Creating a Future Beyond Borders（自分を超える，未来をつくる。）

をキーメッセージとして，多くの事業計画をまとめているところでした。そのような中，スポーツ健康科学部の開設は，学園にこれまでにない，「スポーツ健康科学」の拠点を確立するとともに，その分野で教育を受けた人財が社会に羽ばたき，活躍することが期待されました。

　スポーツの分野では，「する」「みる」「ささえる」の好循環によって，スポーツが発展することが指摘されてきています。「する」に関しては，スポーツ科学での最先端の研究成果が導入され，客観的で効果的，効率的なトレーニングが実践され，日常

University（ESU）で大学院を修了して，試験にパスして見事，GAT プログラム修了者による ATC 資格取得第 1 号者（2019年 6 月）を誕生させられたことは，関係者一同の大きな喜びであるとともに大きな誇りです。今後は，さらにこの GAT プログラムを発展させ，この分野の人財育成に磨きをかけるとともに，研究成果を発信し，スポーツの「する」部分の安全と安心をさらに高めていくことを望んでいます。

　そのためにも，この物語を読んで触発された方，興味を持たれた方，関心を持たれた方が，「続きの物語の主人公」として活躍してくれることが必要です。本文にもありますように，『GAT プログラムを続けるためには，いやアスレティックトレーナーになるには 2 つの要素が必要だ。1 つはアスレティックトレーニングへの情熱，そして 2 つ目は目標を成し遂げようとする強い意志』なのです。

　本書を読んで，強い覚悟でチャレンジされる方を，立命館大学スポーツ健康科学部は最大限応援します！

　2020年 3 月13日

編集委員を代表して

伊 坂 忠 夫

グローバル・アスレティックトレーナーがつくるスポーツの未来のかたち

●目　次●

イントロダクション

　プルルル，プルルル，プルルル………。身も凍る寒さが厳しい1月28日の夜。午前3時のスマートフォンの画面には「実家」の表示。こんな夜遅くに……家族に何か良くないことでも起こったのか……と不安に思いながら，

「Hello ?（もしもし）」と，いつもの癖で英語で電話に出た。

「タケシ，何がハローやねん。俺や，お父さんや。元気にしてんのか。そっちの仕事はどうや，楽しんでるか？」と，父はいつもより声が大きく，興奮している様子が電話越しにも伝わってきたことで，家族の不幸でないことがわかり胸を撫でおろした。

「あぁ，まぁ元気やで。仕事も忙しいけど，毎日が勉強やわ。それよりどーしてん？いつもメールやのに，なんで急に電話なんてしてきたん？」

　急を要する電話でもなく，ただ真夜中に聞くテンションの高ぶる父の声に少し苛立ちすら覚えた。

「いや，お父さんの知り合いから聞いた話なんやけど，今度お前の母校の広小路大学でアスレティックトレーナーを雇うことになってんて。一度ネットで調べてみぃ。学生スポーツを'トータルにケア'できる人材を探してるらしいねん。タケシの経験を日本で活かすチャンスちゃうかと思ったから，こうして電話で伝えてるねん。どや，応募してみたらどうや。ちなみに，応募締め切りは明後日らしいで。俺もさっき聞いた話で急な話なんやけどさ，お前がアメリカでやってることって，そういうことちゃうんか」

「トータルにケアできる人材って何なんやろな？　怪しくない？」

　アメリカでアスレティックトレーナーとしてのキャリアを歩み始めて，まだまだこれからというタイミングでそのようなことを言われ，咄嗟に不必要に批判的な質問をした。

「そんなんお父さんに聞かれても詳しくは知らんけど，タケシが前に言ってたやん。アスレティックトレーナーは痛みが出てから対処するようなトレーナーじゃなくて，怪我しないように，そして怪我したら復帰までサポートするねんでって。それってトータルなケアとちゃうんか？」

　留学前，父に説明した内容を，覚えてくれていたことに驚いた。

「そやな……。でも，今の職場の事情もあるし……」

　現在の職場との契約期間や就労ビザのこと，考えないといけないことがあまりにも

多すぎて，「いい情報ありがとう，とりあえず応募してみるわ」とだけ伝えて，電話を切った。いや，電話を切るためにわざと曖昧な答えをしたのかもしれない。

　人生にはいくつもターニングポイントがあるといわれるが，この父からの真夜中の連絡は間違いなく僕，衣笠丈志のターニングポイントの1つである。アメリカで日本のスポーツ環境との違いを学ぶにつれ，ジョン万次郎※のように海外で最先端の知識を学び，経験したことや感じたことを母国の発展に役立てることができればいいなと漠然と思っていた。昨今，日本の大学スポーツが大学横断的かつ競技横断的な組織（UNIVAS※）を立ち上げ，より安全に競技を行うことが求められている。この大学スポーツの変革の一助となるべく，僕は日本への帰国を決意した。

＊　　＊　　＊　　＊　　＊

　父親の突然の電話連絡から2年後の正月1月3日，幸運にも僕は東京ドームにいる。耳をつんざく観衆の大声援がフィールドを包み込む。観衆からさらに視線を上に向けると，巨大な風船を内側から覗いたような景色が広がっている。ガラス繊維生地が織り込まれ，風船のように膨らんだ真っ白な天井が僕のいる巨大な空間を見下ろしている。観衆の声援は風船の内側に反響して再びフィールドに舞い降り，飛行機のジェットエンジン近くにいるが如く，隣の人の声すら聞こえない。脳から大歓声がふっと消え，僕はゆっくり視線を東京ドーム1塁側アルプススタンドに向けながら，ライスボウル※までの道のりをぼんやりと振り返っていた。

　僕の働く広小路大学アメリカンフットボール部では，昨年のシーズン終了後から1カ月間のオフシーズンがある。その後の3カ月間のウェイトトレーニング＆コンディショニング期はアスリートにとって筋力増加や体力増加のための重要な時間である。その間，昨シーズン負傷した選手は手術を受けたり，再受傷しないよう安全に競技復帰を目指したりしてリハビリを行う。これから振り返るエピソードは，新チームのキャプテンに選ばれた陣内直也が，長く辛いリハビリの先に，見事に復活を遂げた心に

＊ジョン万次郎　　幕末・明治の語学者。出漁中に漂流しているところをアメリカの捕鯨船に助けられ，アメリカで教育を受ける。帰国後，翻訳，航海，測量，英語などを教授。本名，中浜万次郎。

＊UNIVAS　　UNIVAS（大学スポーツ協会：Japan Association for University Athletics and Sport）は2019年に大学スポーツにおける「安全安心」と「学業充実」を目指して設立された大学横断的かつ競技横断的組織。ルールなどの整備や情報提供者としての役割を担う一般社団法人。

＊ライスボウル　　アメリカンフットボール日本一決定戦であり，学生代表校チーム対社会人代表チームが対決する。

深く残る話だ。

　オフシーズンのリハビリ期間中，彼に最も近い存在であった（と自負している）僕は，彼を励ますとともに，辛く退屈なリハビリをより楽しくすることを心掛けていたが，彼はそのリハビリ期間を「人生には立ち止まり，再び輝くための力を蓄えるために必要な時期」だと，スポーツでの経験をさらに大きな枠組みで前向きにとらえてくれたのだ。

　そんな彼は過去3年間文武両道を貫き，学業面では成績優秀者として表彰され，競技面においても大学日本代表候補に選ばれるほどの逸材であった。しかし彼は自分自身に厳しく，練習や試合でも負傷を隠す行動を過去幾度となく繰り返し，その結果，長らく膝の故障に悩まされてきたが，昨シーズン終了後手術を受けることを決断する。術後まっすぐに伸びきらない膝関節，筋肉がやせ細って思い通りに力の入らない太もも，膝関節が安定すればするほど痛む腱。トラブルを1つずつ乗り越える精神力は並大抵ではなかったと容易に想像できる。厳しいリハビリを乗り越えた時，彼は別人のように成長していたことは一番の驚きであった。陣内は新チームのキャプテンとして，怪我を負っているかもしれないチームメイトには「積極的にアスレティックトレーナーに相談するように」と，声をかけるほど周囲に気を配れる立派な男になっていたのだ。

　本当にいい奴だった。そんな人としての成長を遂げた陣内がこのライスボウルを最後にアメリカンフットボールを引退し，社会に巣立ってゆく。日本代表候補にまでなった逸材がなぜ引退するのか。彼が僕にこっそり教えてくれた一言は，心の底から嬉しかった。

「陣内，お前ほどの選手やったら，いろんな社会人チームから声がかかってるんとちゃうん？　卒業してどうすんの？」

　軽い気持ちで聞いた質問に対して，彼は目を輝かせて真面目すぎる答えを返してきてくれた。

「俺は困っている人々，苦しんでいる人々に手を差し伸べられる仕事がしたいんです。周りの人に目を向けられるようになったのは，リハビリで心身共に辛かった時，常に傍で励ましてくれた衣笠さんの姿を見たからです。俺も衣笠さんみたいに人に元気を与えられる人間になりたいんです。本当に衣笠さんのお陰です。どんな時も俺を辛抱強く励まし，時には厳しく，リハビリで立てた目標を1つひとつ達成できるよう導いてくださいました。俺も衣笠さんみたいに，直接人の役に立ちたいです。喜んでくれる人の顔を見ることが，本当に嬉しいんです。だから……社会人になって競技を続けるよりも，早く一人前になって人々を笑顔にしたいんっすよ」

スポーツを通して，そしてリハビリを通して人間の成長に役立てることを教えてくれたキャプテン。いつも「こちらこそ，ありがとう」と，心の中で何度も何度もつぶやきながらキックオフを待っていた。

そんな思い出を胸の奥にグッと押し込み，今シーズン最後の試合が始まった。攻撃チームの司令塔，クォーターバックにボールがスナップ[*]されると同時に，オフェンスの各選手は決められた作戦を実行し，ディフェンスの選手はそれに対応した罠を仕掛けることで相手の攻撃を止める。このエキサイティングな攻防が多くのアメリカンフットボールファンを魅了しているのだ。

「レディー！セット！ハッハッ！」

クォーターバックの掛け声とともに，およそ10秒間の激しい身体と身体のぶつかり合いが幾度となく繰り返される。ボールを持っている選手がタックルを受け，地面に倒れることでプレーが止まる。時には激しく身体を地面に叩きつけられることもある。次のプレーが行われるまでの約35秒間，僕はフィールドを見渡し，フィールドに倒れて動かない選手がいないか，身体の一部分を押さえてベンチに戻ってくる選手はいないか，足を引きずって歩いている選手はいないか，出血している選手はいないか，ふだんとは違う目つき・態度・ふるまいをしている選手はいないか，フィールドから退場してきた選手が痛みに歪んだ表情を浮かべていないかなど，様々な視覚情報を瞬時に見極める。すべてのプレーヤーがより安全に競技を楽しみ，人生が豊かに暮らせるようにサポートするのが僕の仕事である。

前半が終了し，ハーフタイムにロッカールームに引き上げてくると，学生アシスタントトレーナーによってスポーツドリンクで満たされた紙コップが長いテーブルに4，5メートルの太い帯のように整然と並べられている。フィールドから戻ってきた選手たちはそれぞれ紙コップを手にし，並べられたパイプ椅子に腰を下ろす。ヘッドコーチが前半の総括をした後，各ポジションに分かれて後半に向けての修正点を話している間，アスレティックトレーナーは息をつく間もなくロッカールーム中を動き回る。肩や太もも裏のストレッチ，足首の再テーピング，股関節の再バンテージ[*]，必要に応じて怪我の状態をチェックし，コーチに選手の状態などを伝えるなど，チームが後半に向けてベストな状態でロッカールームを出ていけるよう，様々な仕事を次から次へ

***スナップ**　アメリカンフットボールにおいて，ボールを持っている選手が後方にボールを出すこと。このスナップにより，攻撃が開始される。

***バンテージ**　厚く弾性のある包帯のこと。また弾性包帯で患部を圧迫，サポート，および氷嚢（アイスバッグ）を患部に固定する目的で使用される。

とこなしていく。決してテレビには映らない，また多くの観客の目にも留まらない，しかしプレーヤーがより安心して安全に競技が行えるように裏方として支えるのが，このチームでの僕のアスレティックトレーナーとしての役目だ。

　後半開始 5 分前，再びロッカールームからフィールドに戻ると，またしても大歓声が耳をつんざく。選手達は各々後半に向けて心身の準備を整えている。チームメイトと後半への確認をしながら軽く水分補給する選手，1 人でダイナミックストレッチをする選手，チームメイトと無言でパートナーストレッチをする選手，軽くジョギングやジャンプエクササイズなどで身体を温める選手など，後半に向けて，各々万全の準備を整えるといったところだ。

　後半開始まで 2 分余り，1 人の選手が声をかけてきた。

「あの〜，前半途中で少し足を捻ったみたいなんですよ。痛みは少ししかないんですが……。不安なんで足首にテーピングしてもらえませんか？」テーピングを巻くだけなら 1 分もあれば十分だが，アスレティックトレーナーの仕事はそれだけではない。テープを巻けば試合に出場できるのか，テープを巻いて試合に出ることがそのプレーヤーやチームにとってベストな選択なのか，無理をして試合に出場させることが果たしてよい選択なのか，様々な判断をしなくてはならない。素早くその怪我に関する情報を聞き，足首周辺の筋腱や骨格を目視，そして研ぎ澄まされた指先の感覚で周囲の組織に触れ，痛みの箇所や程度を的確に判断した。そして足首にテーピングを巻いて出場することが，そのプレーヤーにとってもチームにとってもベストの選択であると判断した後に，再び足首を捻らないように素早くテーピングを施した。

「こういうことはロッカールームにいる間に言ってくれれば，バタバタせずに済んだのに〜。次はもう少し時間に余裕をもって言ってや〜。後半にまた痛みが酷くなるか，違和感が出たらすぐに言ってきてや」と笑顔で選手をフィールドに送り出したところで，後半のキックオフ。フィールドではプレーヤーたちの熱い戦いが繰り広げられているが，サイドラインでも試合に出たいプレーヤーと出場するための条件を提示するアスレティックトレーナーの丁々発矢の戦いが行われているのだ。

　後半も一進一退の攻防が続き，懸命に社会人チームに食らいつく広小路大学の 1 プレー毎に観客から大声援が送られる。

　「レディー！セット！ハッハッ！」

　クォーターバックが二歩三歩と後退する間に，フィールドの左端に構えていた陣内はディフェンスの合間を右へ45度の角度ですり抜けていく。ディフェンスの間を素早くすり抜け，フィールド中央に駆け上がる陣内目がけて，クォーターバックから絶妙

　なタイミングでパスが投げられた。美しく回転しているボールはディフェンスの隙間を縫うように陣内の胸に一直線に向かっていく。両手の指を大きく広げて，美しく回転の掛かったボールをキャッチした陣内は，さらに前進しようと進行方向に視線を向けた。

　僕は「アカン！　危ない！」と本能的に感じた。次の瞬間，相手ディフェンスの激しいタックルが左胸に突き刺さり，慣性の法則によって彼の首が進行方向に鞭のようにしなった。そのまま相手ディフェンスの勢いに押されるがまま，大きく後ろにのけぞるように背中からフィールドに叩きつけられた。僕は思わずクッと目を見開き，腰を少し右に落としながら首を前に突き出して，多くのプレーヤーの間から何とか陣内の姿を確認しようと低く姿勢を取った。

「無事でいてくれ。頼むから何事もなく，起き上がってくれ。」

　そんな不安を吹き飛ばすような勢いで，彼は仰向けに倒れた状態から縮んだバネが伸びるようにピョンと跳ね起きた。「ふぅぅぅぅぅ」僕は大きなため息をつき，最悪の事態は免れたという安堵感と共に，今後何らかの変化が起こらないかもう少し彼の様子をモニターすることにした。「意識の喪失はなかったけど，脳震盪（のうしんとう）かもしれへんしな。頭蓋内の出血で脳が圧迫されてしまうこともあり得るし，念のために様子を見とかんとな」これが激しい衝突を見た後に常に行う決まった手順だ。

　脳震盪とは脳が激しく揺さぶられることである。それはまるで豆腐パックが激しく揺さぶられることで，水に浮いた豆腐がパック内側に打ち付けられるようなものである。頭蓋骨内で脳みそが揺さぶられることによって，脳の神経細胞が一時的な機能障

害に陥り，様々な神経障害が現れるスポーツ傷害である。しかし明らかな意識障害は
10％未満とされ，ほとんどの脳震盪は出血もなければ，足を引きずって歩くこともな
く，‘見かけ上’は無傷である。その結果，最近までは見逃されることが多かった脳
の外傷である。また脳震盪症状が完全に消失する前に，脳に再び衝撃を受けることで，
頭蓋内で急に脳が腫れる場合があり（セカンドインパクト症候群），これは死亡率50％と
言われる重篤な脳損傷である。僕たちアスレティックトレーナーが「脳震盪の発見」
と「脳震盪からの回復」に細心の注意を払わなければならないのは，そのためだ。

　僕は先ほど胸に強烈なタックルを受けた陣内の異変を見逃すまいと，脳震盪の兆候
を観察していた。もし彼が脳震盪を起こしていれば，すぐにプレーを中止させるつも
りだ。

　先ほどの突き刺さるようなタックルを受け，何らかのダメージが残っているのか，
勢いよく立ち上がったものの，陣内は視線を少し下に落とすようにうつむき加減でハ
ドルに戻っていった。陣内は，両手を膝に置いた状態で下を向いたままクォーターバ
ックからの次のプレーの作戦を聞いていた。ハドルの最後に攻撃チームの11人全員が
同時に手を叩き，それぞれのポジションに散っていく中，彼の足元がおぼつかない様
に見えた。それを見た1人のコーチが「おい，陣内！　何をダラダラしてんねん！
キャプテンやろ！」とゲキを飛ばした。その時，やはり陣内が脳震盪を起こしている
可能性があると確信し，アシスタントコーチにこう進言した。
「コーチ，陣内は脳震盪の可能性があるんで，このプレーの後にベンチに下げましょ
う」

　するとそのコーチは激高して「何をふざけたこと言ってんねん！　ここで陣内が踏
ん張らんと，この試合はズルズルと相手ペースになってしまうやないか。あいつがチ
ームを引っ張らんとアカンのに，ベンチに下げるなんてあり得へんやろ!?」と，まる
で僕の「ベンチに下げる」という言葉しか聞こえていなかったかのように，まくし立
てた。

　その返答に対して，僕は声を荒げないように，また諭すようにコーチに伝えた。
「コーチ，僕は陣内がただ怠慢な動きをしてるからベンチに下げろと言ってる訳じゃ
ないんです。先ほどのプレーで陣内が脳震盪を起こしてる可能性が高いので，一度べ

　＊脳震盪の兆候　　ぼんやりしている，ふらつき，反応が遅い，嘔吐，感情の変化（言動の
　　変化）など，これらの兆候は自覚症状（頭痛，疲労，集中力の欠如，霧の中にいる感覚，
　　視界がぼやける，吐き気，耳鳴り，興奮/不安など）とリンクしており，注意が必要である。
　＊ハドル　　体を寄せ合うこと，あるいは集まって密談をすること。アメリカンフットボー
　　ルにおいては，毎プレー前にチームで集まり，作戦会議をすること。

ンチに下げてチェックします。そこで脳震盪じゃない判断となれば，すぐにフィールドに戻すんで，このプレーが終わったところで，すぐに陣内をベンチに下げるよう指示してください」

　常に勝つことを求めているコーチの言い分も理解できないわけではない。しかしこの試合が終われば，彼は学生という蓑（みの）を脱ぎ捨て，1人で社会に出ていかなくてはならない。彼には「人を元気にし，社会を笑顔で満たす」という大切な夢，そして高潔な使命が待っている。1％でも，いや0.1％でも彼の将来を打ち砕くかもしれない脳震盪を起こしていれば，僕は何としてでも彼を，そして彼の心身の健康を守らなくてはならない。

　シーズン前のチームミーティングで「選手の怪我に関して，必ずアスレティックトレーナーに相談する」ことと「アスレティックトレーナーの許可なく競技（練習・試合）に復帰することを禁止する」ことが決められた。チーム内で選手を不用意な怪我から守るルールが選手の間で浸透しつつある一方，コーチ陣への教育が徹底できておらず，悔しさが込み上げてきた。

　アシスタントコーチとのやり取りを見ていたヘッドコーチが呆れたように，アシスタントコーチに言った。

「タケシの言ってる意味がわからんのか？　俺らはアメフトの専門家やけど，タケシは怪我の専門家，アスレティックトレーナーや！　脳震盪なんて俺らが判断できることとちゃうやろ。チームの方針で『選手の怪我に関してはタケシに任せる』ってシーズン前に決めたやろ！」

　ヘッドコーチはアシスタントコーチに忠告をすると，すぐさま再びフィールドに目を向けた。アシスタントコーチは渋々僕の意見に同意し，目の前で続くプレーが終わると，陣内をベンチに呼び寄せた。フィールド中央からサイドラインに戻ってくる彼の足取りはやはりおぼつかず，視線はどこか焦点が合っていないように見えた。サイドラインを過ぎ，コーチやチームメイトに目もくれず，まっすぐサイドライン後方に設置されているベンチを目指して足を進める陣内に近寄り，すぐに脳震盪判断ツールに基づいて，症状・兆候，バランス，記憶，認知検査などを行った。

　頭痛を訴え，うつろな様子で足もとがふらつき，動作も鈍く重い。片足でのバランステストでは何度もバランスを崩し，ランダムな語彙を記憶することなど，認知機能も低下していた。僕は陣内が脳震盪を起こしていると判断し，すぐにアシスタントコーチに報告した。

「やはり陣内は脳震盪を起こしていると判断しました。ですので，残念ですが，彼を

再びフィールドに戻すことはできません」

「アカンのか⁉　あいつがおらんとこのまま負け試合になってしまうやないか！　少し頭痛がする程度やろ？　俺は頭痛がしても吐き気がしてもプレーしたぞ！　それくらいでプレーできひんって，甘えさせすぎちゃうんか⁉」

　アシスタントコーチは言いたいことを言って，勝つことに執念を燃やす鬼の形相で再びフィールドに視線を戻した。僕もコーチの前に立ちはだかり，目の前で言い返してやろうと思ったが，やめた。あらかじめコーチやチーム全体に脳震盪などのスポーツ傷害に関する啓蒙や教育を徹底できていなかったのは僕の責任だ。悔しさを奥歯で噛み締めながら，ヘッドコーチに陣内の脳震盪の件を報告し，再びサイドライン最前線に立ち，1プレー1プレーを見守った。

　遂にバックスクリーンの電光掲示板に残り「0秒」が表示された。キャプテンはサイドラインに並べられたベンチに腰を掛け，肩を落として泣いている。社会人のサイズ，スピード，巧みな技術に必死に食らいついた広小路大学であったが，最後まで勝ち越すことができずシーズン最終戦の幕が下りた。チームの勝敗に関わらず，チームのレベルに関わらず，スポーツの種類に関わらず，傷害リスクのマネジメント（予防・軽減）に力を尽くし，選手がベストなパフォーマンスを発揮できるようにサポートするのがアスレティックトレーナーの仕事。陣内の脳震盪を除いて，大きな怪我が起こらなかったことに安堵と感謝の気持ちを覚えた瞬間，僕のアスレティックトレーナーの原点がふと思い出された。

　傷害リスクを減少し，心身の健康向上に大きく関わる職業，それがアスレティックトレーニング。広小路大学スポーツ健康科学部のグローバル・アスレティックトレーナー（GAT）プログラムを通じてアスレティックトレーニングに出会えたことで，僕の人生は大きく翼を広げ，世界に向かって羽ばたくこととなった。

アスレティックトレーナーとは

アスレティックトレーナーは医療界の重要な構成員

　アメリカ合衆国におけるアスレティックトレーナー*とは，1990年にアメリカ医学会，ならびにアメリカ合衆国保健福祉省および保健医療局により健康管理専門職と認められました。[1] アスレティックトレーナーは，多方面において高度な教育と技術を取得した医療従事者であり，医師や，看護師，理学療法士など様々な専門家と緊密な連携をとりながら，プロスポーツ選手から一般企業に勤める人まで身体活動が活発な人々に5つのサービス（①外傷・障害と疾病の予防，②救急対応・応急処置，③臨床的診断，④医療的介入および外傷・障害と疾病のリハビリテーション，⑤健康促進と教育）を提供することを責務としています [1,2]（図1）。

| 外傷・障害・疾病の予防およびウェルネス*の育み | 応急処置および救急対応 | 臨床評価および診断 | 治療的介入 | 健康管理および職務上の責任 |

図1　アスレティックトレーナーの職業ドメイン（仕事内容）
出典：NATA ウェブサイト "Athletic Trainer" の内容をもとに筆者らが作成

　アメリカのスポーツ現場において，アスレティックトレーナーは，スポーツ外傷や病気を予防するための選手の健康管理，受傷した際の臨床的診断や応急処置，人命損失の予防と救急救命，スポーツ外傷・障害の治療や安全に競技に早期復帰するためのリハビリテーションなど，運動に関わる幅広い外傷・障害および不慮の事故

＊アスレティックトレーナー /ATC　アスレティックトレーナーとは，健康管理専門家の名称であり，ATC とは全米資格認定委員会によって認定されるアスレティックトレーナーの資格の名称である。本書では，アスレティックトレーナーと ATC という言葉を使い分けて使用する。

＊ウェルネス　Wellness（ウェルネス）とは，身体的・感情的・精神的・知性的・社会的・職業的・環境的など多面的に良好な状態によって体現される，豊かな人生を実現しようとする生き方。病気でない状態を表すヘルス（Health）とは異なる概念である。＊ well＝satisfying（満足させる，納得のいく）；good（優れた，望ましい，快適な）；in a good state（優れた状態，望ましい状態，快適な状態）。

に対して「リスクマネジメント」を行うスペシャリストとして必要な存在と認識されています。また，アスレティックトレーナーは多数の選手にとって「医療の窓口」として医療とスポーツ現場の間に存在する溝を埋める役割を果たしています。選手は体調やコンディションにおける日々の変化や違和感等を毎日気兼ねなくアスレティックトレーナーとういう医療従事者に報告および確認できることによって，医療を身近に感じることが可能です。そして，選手が医者や理学療法士等の様々な医療従事者へのアクセスを円滑に進めることが可能です。選手の健康と安全を守るため，アスレティックトレーナーはスポーツ現場には欠かせない存在です。

アスレティックトレーナーの雇用の多様化

アスレティックトレーナーはスポーツ現場でのみ雇用されていると思われがちですが，アメリカ合衆国においては，アスレティックトレーナーの雇用の多様化が進んでいます。アスレティックトレーナーは高校や大学スポーツ，プロスポーツの現場に限らず，近年では病院のリハビリテーション科や整形外科，公衆安全（警察・消防隊など），軍隊，舞台芸術（シルク・ドゥ・ソレイユなど），一般企業，NASA など様々な業界で雇用されています。National Athletic Trainers' Assocaition（NATA, 全米アスレティックトレーナー協会）が発表している NATA 会員の職種分布が示すように[3]，中学，高校や大学，病院や診療所，プロスポーツなどアメリカ合衆国においてアスレティックトレーナーの職業の幅が広がっていることがわかります。

アスレティックトレーナーになるためには

スポーツ現場において，いつどこで何が起こるかわかりません。アスレティックトレーナーは，不測の事態をはじめいかなる状況であっても，迅速かつ適切な救急判断と臨機応変な対応力が求められます。そのため，精通しなければならない学問領域も広く，アスレティックトレーナーになるためには整形外科学や救急救命医学を中心とした医学分野だけでなく，運動学やトレーニング学，生理学や生化学，栄養学，心理学など多様な学問分野の知識を身につけることが必要となります。しば

＊スポーツ傷害 / スポーツ外傷・障害　スポーツ傷害とはスポーツ外傷とスポーツ障害を含む，スポーツによって起こる全ての怪我の総称。スポーツ外傷とは「スポーツ活動中，身体に 1 回の急激な大きな力（人とぶつかったり，ひねったりした場合などに生じる外力）が加わっておこる急性的な怪我」であり，スポーツ障害とは「スポーツを続けることで身体の特定部位（骨，筋肉，靭帯など）が繰り返し酷使されることによって生じる慢性的な怪我」である。

12

しば，アスレティックトレーナーとパーソナルトレーナーあるいはストレング・コンディショニングコーチと混同されることがありますが，アスレティックトレーナーとパーソナルトレーナーでは，受けてきた教育，持っている知識や技能，仕事の役割，医療サービスを提供する対象などに大きな違いが存在します。

アスレティックトレーナーという呼称を背負って活動するためには，独立した以下の 2 つのステップを踏む必要があります。まず，1 つ目のステップは Board of Certification (BOC, 資格認定委員会) が課す資格認定試験に合格し Certified Athletic Trainer (ATC) という資格を取得することです。2 つ目のステップは各州の担当局より認可を受けることです。州ごとに定められた法令や条例に従い License (ライセンス)，Certification (認定)，または Registration (登録) を取得することにより，それぞれの州において合法的に活動するアスレティックトレーナーとしての条件を満たすことが必須となります。

BOC 資格認定試験の受験資格を得るためには The Commission on Accreditiation of Athletic Training Education (CAATE) が認定したアスレティックトレーニング教育プログラムを修了しなくてはなりません。CAATE は絶えず全ての教育プログラムを監視し，教育プログラムの向上を図っています。時に CAATE は基準を満たさない教育プログラムに対して，一定期間内に改革案の明示を求めたり，改善がみられない場合は教育プログラムの認定を剥奪することもあります。2015年の5 月，BOC と CAATE に NATA と NATA Research & Education Foundation (NATA 研究教育基金) を加えた AT 戦略機関は，アスレティックトレーナーの教育の質の向上，アスレティックトレーナーの科学的基礎の向上*などを目指して「2022年には全ての教育プログラムはアスレティックトレーニングの修士学位を有した大学院へと移行を完了しなければならない」との声明を発表しました[4]。それまでは，CAATE に認定された教育プログラムは370校あり，その83％が学士レベルの教育プログラムでした[5]。この声明以降，多くの教育プログラムが学士レベルの教育プログラムの廃止を発表し，修士学位レベルの教育プログラムへと移行，あるいは大学院での教育プログラムの新設を行うなど，アメリカ合衆国におけるアスレティックトレーニング教育界には大きな変革がもたらされました[5-7]。

---

*アスレティックトレーナーの科学的基礎の向上　最新のエビデンスを読み解き，解釈することのできる判断力（より良いエビデンスの消費者になるための学術的スキル）の向上

参考文献

(1) National Athletic Trainers' Association. Athletic Training Serviecs. https://www.nata.org/sites/default/files/guide_to_athletic_training_services.pdf. Accessed on September 1, 2019

(2) National Athletic Trainers' Association. Profiles of Athletic Trainers. https://www.nata.org/sites/default/files/profile-of-athletic-trainers.pdf. Accessed on September 1, 2019

(3) National Athletic Trainers' Association. Where ATs Work. https://www.nata.org/about/athletic-training/job-settings. Accessed on September 1, 2019

(4) AT Strategic Alliance. Official Announcement from the AT Strategic Alliance Regarding the Professional Degree. https://atstrategicalliance.org/strategic-alliance-degree-statement. Accessed on Septermber 1, 2019

(5) CAATE. Commission on Accreditiation of Athletic Training Education. 2015-2016 CAATE Accredit Programs Analytics Report. https://caate.net/wp-content/uploads/2017/09/2015-16-CAATE-Analytics-Report_VF.pdf. Accessed on September 1, 2019.

(6) CAATE. Commission on Accreditiation of Athletic Training Education. 2016-2017 CAATE Accredit Programs Analytics Report. https://caate.net/wp-content/uploads/2017/09/2015-16-CAATE-Analytics-Report_VF.pdf. Accessed on September 1, 2019.

(7) CAATE. Commission on Accreditiation of Athletic Training Education. 2017-2018 CAATE Accredit Programs Analytics Report. https://caate.net/wp-content/uploads/2019/07/2017-2018-Analytics-Report_VF.pdf. Accessed on September 1, 2019.

（寺田　昌史）

■アスレティックトレーナーの現場より
日本代表チームアスレティックトレーナーのサポート

平井　晴子
女子ラグビー日本代表コンディショニングコーディネーター

　立命館大学では，アメリカンフットボール部の学生アスレティックトレーナー（AT）として東伸介氏の下で猛勉強しました。厳しくも愛のある指導のおかげで，2006年に渡米しインターンが始まった時には，周りの学生よりも経験値が高いせいか任せてもらえる仕事が多く，経験を積みたかった私の"これをやってみたい"と

平井晴子氏

いう熱意を快く受け入れてもらえました。4年生の時，ラクロスの試合で重傷外傷が起こり救急車を要請するという場面を任され，不安で泣きそうになりながら選手の対応や救急隊員への引継ぎをしました。全てが終わり，そばで見ていた教育係の Niki の一言目は，"You are so lucky !" でした。"学生のうちは間違ってもいい。こういう場面を乗り越えて AT は成長する。今経験できるなんて最高だね。"そう言ってハグしてくれた時に，一気に緊張の糸が切れたのを覚えています。

　　　　　　　　2013年に女子7人制ラグビー日本代表のヘッド AT に就任し，年間200日を超える合宿・遠征生活を経て，2016年リオデジャネイロオリンピックに帯同しました。この日のために4年間最善の準備を重ね，世界一を目指していました。しかし結果は10位でした。選手全員のコンディションが万全ではなかったのが要因の1つであり，現在はコンディショニングコーディネーター*として怪我で離脱した代表選手のリハビリを担当し，目標とする大会に向けたコンディショニングをサポートしています。

　AT の役割は，選手の健康管理，怪我の予防や応急処置などの基本的な業務に加え，海外遠征が多い代表チームの特徴として，時差ボケ対策，食事管理，現地医療機関や相手チームのメディカルスタッフとの連携など，業務内容は多岐に渡ります。
　試合中はレフリーや大会ドクター，練習試合では相手国のドクターや AT と連携して外傷の対応にあたります。英語でコミュニケーションを取りながら瞬時に判断し，必要最低限の処置をした後，素早く搬送します。緊迫した状況で冷静に対応するためのトレーニングを積み，実際の現場で行動できているのはアメリカでの経験が確実に生きているからです。
　また，英語で専門用語が話せると，知見を広げやすいというメリットがあります。大会や遠征で顔見知りになった他国の AT との情報共有は1つの例で，女子ラグビ

＊コンディショニングコーディネーター　　スポーツでベストパフォーマンスが発揮できるようにするために，競技パフォーマンスに関連する全ての要素（筋力，パワー，柔軟性，持久力など）をトレーニングし，選手の身体的な準備を整える（コンディショニング）役目を担う。

ーに多い膝外傷に対する予防策やコンディショニングへの取り組みについて議論ができます。遠征先で代表チームの AT ルームを見学させてもらい，どういったケアやリハビリが良いのか等を協議することも多いです。

　素晴らしい指導者に出会い，アメリカで自ら行動しつづけたこと，様々な競技で数多くの経験を積めたことが，今現在の自分の活動スタイルを作り上げています。2020年東京オリンピックでは，すべての選手が万全のコンディションで試合に臨めるよう，世界にアンテナを張って世界一のサポートをしたいです。

▪️アスレティックトレーナーの現場より
アメリカでのアスレティックトレーナー修行中

下崎　陽平
アーカンソー大学モンティセロ校アシスタントアスレティックトレーナー

　私はアスレティックトレーナー（AT）として働いてから，命を救う大切さというのを思い知らされました。これはアメリカだからという意味ではありません。日本で AT として働いていてもどこかで直面することだと思います。私は AT になるのであれば「命を救う知識，手段，能力，そして自信を持って欲しい」と強く願います。

　その出来事が起こったのは野球のホームゲームの試合後のことでした。私はすでに帰路についていたのですが，その途中にある事件（詳細は述べることができません）に遭遇し，意識不明で出血をしている選手に直面することになりました。その場にはたまたま私以外にも医療関係者がいましたし，私自身は冷静なつもりでした。選手を救うために自身の持てる知識を引き出そうと試みました。しかし，結論から言うと何もできませんでした。その選手の状態は意識不明，脈拍あり（大きく強くゆっくり），頭部からの大量出血ということは今でも覚えています。私は選手を救うために周りの人が救助をしているのを少し手伝うことしかできませんでした。その後，選手は他の方の助けと協力もあり救急車で運ばれ，治療を受け，約4カ月後，日常生活に復帰できるまでに回復しました。

　このような命にかかわるような事故はスポーツの現場でも起こりうるということです。私の働いている野球の現場であれば，1人の AT がチーム全体をカバーする

下崎陽平氏

ことになります。これは自分の判断1つに「選手の命がかかっている」ということになります。命を救うための準備，危険の予測や予防，絶対にこれらを怠ってはいけません。例えば，野球であれば頭部へのデッドボール，心臓震盪*，野手同士の交錯や壁への衝突，暑ければ熱射病，選手の病歴からの発作など，数多く予期できることはあります。準備をしすぎてダメということはありません。

　またこのような命にかかわる状況になった場合，普段から築きあげた選手とコーチとの信頼関係，コミュニケーションがとても大事になります。これは私がAT 1年目の野球のチャンピオンシップの時のこと，負ければシーズンが終了という試合での出来事でした。シニア（4回生）の選手が飛球をフェンス側でキャッチする際に強く頭部をフェンスで打ちました。選手はその後フェンスにもたれかかり動かなかったので，タイムアウト後に至急フィールドの選手の元へ行き選手の確認をしました。選手は「なんの問題もない，大丈夫」の一辺倒で，私はそれを信じてフィールドを後にしたのですが，実はこの判断は間違いでした。私はその守備のイニング後，選手に直接話しかけて状態を確認したところ，その選手は実は頭痛と不快感があると訴えてきたのです。選手にとっては最終戦は抜けたくない試合であり，選手の気持ちを考えれば理解はできます。そのような中，その状態を伝えてくれたのは，信頼関係があったからだと感じています。またその後，その選手の交代についてヘッドコーチにも話しをすることになるのですが，ヘッドコーチはなんの疑問も不満も抱かずその選手を交代してくれました。これもコーチとの信頼関係があってこそだと思っています。このような信頼関係を築いていくうえでのコミュニケーションは本当に大切です。選手の表情や言動，選手からのコンディションの報告をしっか

　＊心臓震盪　健康な場合でも，子どものスポーツ中に起こる突然死の原因の一つ。心臓の真上あたりの胸の部分に，打ったボールや体がぶつかるなどの比較的弱い衝撃が加わることで起こる。心停止が起きるので，心肺蘇生術とAEDによる速やかな対応が緊急時には重要。

り記録し，経過を確認してコーチと情報の共有をすることが怪我の予防につながり，命を救う布石になるのだと思います。

　ATの仕事はよく目につくテーピングやストレッチ，リハビリ，治療行為などがどうしても目立ちがちですが，それよりも，スポーツ傷害予防，救急対応がより大事なものであるとアメリカでATをしている中で感じています。これからもより多くの選手のスポーツ傷害を防ぐ，命を救うための知識を身につけていければと思っています。

COLUMN
アスレティックトレーニングとスポーツリスクマネジメント

細川 由梨
早稲田大学スポーツ科学学術院講師

　アメリカのアスレティックトレーナーはプロや大学アスリートだけでなく，高校アスリート，一般人，兵士，労働者，舞台のパフォーマーなど，幅広い対象者のためにアスレティックトレーニングサービスを提供しています。競技レベルや対象者の年齢，ニーズ，復帰目標などによってアスレティックトレーナーの役割は大きく変わりますが，どのような現場で働いていてもアスレティックトレーナーが共通してまず初めに行うことは活動現場のリスクマネジメントです。

　例えば活動時における突然死および重篤事故のおおよそ8割は①心疾患，②頭頸部外傷，③労作性熱射病が原因だということがスポーツの疫学調査より明らかになっています。そのため現場の安全を担保するためにはそれらの代表的な疾患と外傷に対する適切な対応を迅速にすべく，①先天性心疾患の有無の確認・AEDのサイドライン確保，②脳震盪対応のプロトコルの確立・頸椎損傷の傷病者の搬送訓練，③暑熱馴化期間の導入・直腸温の測定と全身浸漬冷却の運用などに関する

＊頸椎損傷　首の骨折や脱臼により神経が傷付き，首から下の筋肉が麻痺したり感覚を失い動けなくなる。

＊暑熱馴化期間　身体を徐々に暑さに慣らして熱中症になりにくくするため（より良い体温調節機能を手に入れる）に必要な期間。

＊直腸温の測定　直腸の温度は体の中心の温度であり最も正確に測れる。

＊全身浸漬冷却　身体全身を入れられる容器に氷水を入れ，熱射病により上がった体内温度を素早く下げる方法。

内容を書面に起こしてプロトコル化し,「もしもの時」に適切な対応ができるよう
に準備をします。また,実際に目の前で重篤な外傷が発生した際の初期対応に関し
ては緊急時対応計画(Emergency Action Plan; EAP)を作成し,緊急時の①役割分
担,②連絡手段,③救急時に使用する資材,④搬送方法,⑤搬送先病院,⑥活
動場所の所在地や到達ルートに関する情報を事前にまとめることで,一刻を争う自
体でも冷静に対応ができるよう準備します。作成されたEAPの内容は,その現場
に関わる人全員(アスレティックトレーナー,チームドクター,監督,コーチ,チーム
スタッフなど)で共有し,リハーサルすることが推奨されています。例えば,多く
のチームでは最低でも年に1回(シーズンが始まる前などに)実際の傷病発生を想定
しながらEAPにまとめられている内容の確認をシミュレーション形式で行います。
このような取り組みは,スポーツ現場におけるリスクマネジメントの重要性につい
て再認識する機会を与え,組織をあげて活動現場の安全向上に取り組むきっかけに
もなります。

参考文献
(1) Casa DJ, Guskiewicz KM, Anderson SA, et al. National Athletic Trainers' Association Position Statement: Preventing Sudden Death in Sports. J Athl Train. 2012 ; 47(1) : 96-118.
(2) Huggins RA, Scarneo SE, Casa DJ, et al. The Inter-Association Task Force Document on Emergency Health and Safety: Best-Practice Recommendations for Youth Sports Leagues. J Athl Train. 2017 ; 52(4) : 384-400. doi: 10.4085/1062-6050-52.2.02
(3) Andersen JC, Courson RW, Kleiner DM, McLoda TA. National Athletic Trainers' Association Position Statement: Emergency Planning in Athletics. J Athl Train. 2002 ; 37(1) : 99-104.

第1章　高校3年

　バスケットボール部の引退まで残された時間は4週間。僕は練習中に再び右足首を捻挫してしまった。右足首は過去に幾度となく捻挫を繰り返してきたけれど，特に今回の捻挫は腫れと痛みがひどかった。

　整形外科の先生には「引退試合が近いなら，しっかり固定した方が早く治るよ。どうしても試合に出たいのなら，ここは我慢してしっかり治そうね」と諭され，僕の右足首は2週間の間ギブスでカチコチに固定されることになった。早く治すためにギブスをしていることは，頭では理解している。それでも僕は納得がいかない。

　母親の運転する車の助手席で，ふて腐れながら両膝の間に挟んでいる松葉杖を睨みながら，引退試合に出場できるのか考えていた。母親はもともとバスケットボール経験者ということもあり，いつもは親子でバスケットボールの話題が絶えないのだけれど，今日ばかりは母親は何も言葉を発しない。タイヤがアスファルトの上で転がる音だけがゴーゴーと耳に響いている間は気がまぎれるが，信号で停車した車内は呼吸の音すら漏らすことができないほど一層重く感じられた。スマートフォンは持っていなかったので，気を紛らわせることもできず，窓の外をぼんやり眺めながら頭の中では疑問と自責が何度も繰り返されている。

　「なんでこのタイミングで……。なんで俺が……。他の奴じゃなくて，なんで俺がこんな目に遭わなアカンのや！」「あの時，無理をしてゴールに向かってドリブルをする必要はなかったのに……。こんな目に遭うなら，バランスを崩しながら無理をしてプレーを続けるんじゃなかった。あのまま倒れておけば，誰かにぶつかったかもしれないけど，足首を捻ることはなかったはずやのに」

　誰かを責めたいわけではなく，ただ足首を捻った納得できる理由を探していた。そして納得する答えが出せないまま，母親との沈黙のドライブが続いた。

　母親がゆっくりと車を駐車し，沈黙のドライブはようやく終わった。この間，母親の顔は見ていない。ただ自宅の窓からは光が漏れていたので，父親が帰宅していることはわかった。父親ともなんとなく会いたくないな，いや会っても会話を続ける自信がなかったので，会いたくなかった。そう考えているうちに，母親は何も言わず，学校の荷物を抱え，助手席のドアを開けてくれた。病院を出て，初めて目が合った。病院を出てからというもの，試合に出られるかどうか，なぜ自分がこんな目に，あの1プレーさえなかったら，そんなことばかり考えていた僕は，母親の親切のお陰でふと

日常に連れ戻されたように感じた。

「ありがとう」そう言って，まだ慣れないギブスの重さに，少しヨロけながら車外の空気を思いっきり吸った。答えははっきりしないが，少し気が楽になって，ゆっくり松葉杖をつきながら帰宅した。傍らには何も言わずに母がついて来てくれていた。

　玄関のドアがタイミングを計ったかのように開くと，そこには父親が立っていた。「おかえり」そう言うと，玄関に濡れタオルを用意してくれた。

「そうか，松葉杖を家の中で使うってことは，土足で家に上がるようなもんやしな」と，妙に感心をして，「ありがとう」と父親にも声をかけると，父親は「おう」と優しい声で答えた。「タケシ，これから少しの間，松葉杖で生活せなアカンのやろ。松葉杖を使って階段の上り下りはできるか？」

　父親の質問の意図はわからなかったが，「大丈夫やと思う」と，とっさに答えた。そう言ったものの，日常生活には確かに多くの階段がある。そもそも僕の部屋は一軒家の2階にある。エレベーターやエスカレーターがあればいいけど，松葉杖での階段の上り下りってそんなに大変なのだろうか。

「お父さん，松葉杖で2階に上がってみるから，見ててや」

　そう言って，僕は階段を上ろうと思ったのだけど，松葉杖が邪魔でうまく上がれない。こうなったら，片足でピョンピョンと跳ねて行った方が楽だし早い。父親は2階の踊り場で振り返った僕を「困った奴やなぁ」と言いたげな表情で見上げていた。

　それから10分間，父親の‘松葉杖の使い方講座’を受けた。松葉杖の高さの調節，グリップの高さ調節，平たんな場所の歩き方，そして階段の上り下り。父の熱のこもった講座中，「お父さん，なんでこんなに真剣に松葉杖の使い方教えてくれてるんやろ？　せやけど，わかりやすいし，めっちゃ親身になって教えてくれてる。ホンマありがとう」なんてことを考えていた。

　そして‘講座’が終わり，僕は父さんの目を見て感謝の言葉を伝えた。「ホンマにありがとう」と。今まで父親とも仲が良かったとも思っていなかったけれど，右足首がギブスで固められて帰宅してからの父親との15分があっという間に過ぎ，少し寂しい気持ちになった。

　リビングルームで父親と向き合い，なぜ松葉杖の使い方を知っているのか尋ねた。父にも松葉杖での生活を強いられた時期があったようだ。

「病院では松葉杖を渡されるだけで，調節の仕方や歩き方なんて教えてくれへんやろ？　特に階段の上り下りは危険やのに，病院では松葉杖を渡しておしまい。おかげでお父さんも階段で怪我してる足をまた怪我しそうになったことがあったんや。怪我

してる足はギプスで固定されてるけど，健康な方を怪我したら，傷口に塩を塗るどころちゃうやん。だから，タケシが帰ってくるまでに，実はお父さんなりに安全な使い方をインターネットで調べたんや。今まで偉そうに教えてたのは，ほんの30分前にネットに書いてあったことの受け売りや。ハハハ。」

　大きく目を見開き，肩をすくめて笑う父親の姿が妙に懐かしく感じた。そして父親が僕に同じ失敗をしないように，即席で調べたネットの情報であっても，親身になって心を通わせてくれたこともまた嬉しかった。引退試合のこと，起きてしまったことへの後悔の気持ちで押しつぶされそうだったが家族の支えがあって，残り2週間の松葉杖生活を腐らずに乗り切れる気がした。

　父親の特別松葉杖「講座」の甲斐あって，2週間の松葉杖生活中も移動に時間がかかる他は特段大きな苦労もなく過ごした。バスの乗降も入り口が低くなってくれるので助かった。駅ではエレベーターやエスカレーターがあるので，問題なし。校舎の階段も松葉杖2本を束ねて，手すりを利用すれば，簡単に上り下りできた。ただ，両手がふさがるので，バックパックは欠かせないアイテムとなっていたし，上半身の筋肉痛は少しキツかった。これも筋トレになったかな，くらいに思えた。いや，むしろ最後の数日はチームメイトによる落書きのような寄せ書きメッセージで埋め尽くされたギプスを外すのが寂しいほどだった。

　いよいよギプス・松葉杖生活が終わる寂しさと，バスケットボールができる嬉しさに浸る僕の前に，右足首のギプスを外すための電動ノコギリが用意された。

　「へー，これでギプスを外すんや」と，のんきにギプスの外し方に興味を抱いていると，突然キュイ〜〜〜〜〜〜〜ン！と甲高く心臓をエグるような音が診察室に響いた。

　「えぇぇぇ！　ちょっと待ってください。とりあえず，待ってください」
そんなことを言っている間に，みんなに寄せ書きをしてもらったギプスにキレイな切れ目を残して，その電動器具は静かになった。間髪を入れず，大工さんが使うような器具で裂け目を広げられ，あっという間にギプスが外された。

　痛みも全く感じず，あっけなくギプスが外れたことに僕は驚いた。そしてもう1つ驚くことに，右足首の腫れがキレイに消え去っていた上に，右足が老人のように痩せこけて，自分の足だとは信じられなかった。

　「いやいやいやいや，めちゃめちゃ細いやん！」

　診察室はまさに驚きの連続だ。医師に言われて，右足首を少し動かそうとすると……。

　「いやいやいやいや，全然動かせへんやん！」「いやいやいやいや，こんなんでバス

ケできひんやん！の前に，走られへんやん！」

　僕の悲痛な1人ツッコミに短く苦笑いを浮かべただけで，続けて医者はこう告げた。「これからしばらくはリハビリをしてもらいます。そうすれば，すぐにまた動かせるようになりますよ」

　そして，ベルトコンベヤーに載せられた荷物のように，そのままリハビリ室に送られ，生活に必要な動作を取り戻す運動療法を受けることになった。「ホンマにこの足は動くようになるんかな。2週間後の引退試合に出られるんかな。あの時，あのプレーがなければ，こんなことにならなかったのに……」先ほどまでの前向きな僕はどこに行ったんだろう，再びネガティブ思考が頭を支配している。

　怪我をするたびに思う。気分が落ち込んだり高揚したり，そしてまた落ち込んで，少しのきっかけで高揚したりと，不安定になるのだと思った。

　そんな心配をよそに，なんと，リハビリのお陰でギブスを外してから1週間も経たないうちに僕の右足首は元のように自由に動かせるようになった。ただ左ふくらはぎと比較して右ふくらはぎはなんとなく細く，力が入らない。それでも一般的な人間に備わっている再生力なのか，僕自身に備わっている特殊な再生力なのか，とにかくリハビリを続けることで，右足首はほぼ痛みなく元のように動かせるまでに回復した。日常生活はほとんど支障なく行うことができ，我ながら驚きの回復力だと思っている。理学療法士からもここからはバスケットボールをするための筋力を戻していくだけだと言われ，病院のリハビリからも「卒院」することとなり，僕の心は試合に出られるという明るいポジティブ思考で満たされた。少しずつ練習にも参加しながら，高校最後の試合に向けてできる準備はすべて行った。

　試合前日，右足首の痛みは全くない。引退試合の前にまた怪我をして，4週間の我慢が水の泡となることだけは避けたかったので，100%の練習は行っていない。それでも，試合になれば100%出し切って，バスケットボール人生に終止符を打とう，そう心に決めていた。

　試合当日，家族応援団の中に，いつもは観に来ない僕の両親の姿があった。右足首を捻挫したあの日から，いつもこの日のことを気にかけてくれていたので，本当に感謝している。ユニフォームに着替え，バッシュの紐をギュッと締め，シューズ底をフロアに擦らせてキュキュッと鳴らしながら，ロッカールームを飛び出した。少しばかりの緊張は最後の試合だからではなく，右足首の不安のためだったのかもしれない。

　いつも通りウォーミングアップのルーティンを終え，試合前にセンターサークルを挟んで相手チームにいつもより長い時間「礼」をした。もちろん試合に携わる全ての

人への感謝と敬意を表す礼であるが，この礼には今までのバスケットボール生活，友達との出会い，チームメイトや両親の支え，コーチの厳しい指導など，僕自身のバスケットボール人生を支えてくれた人々への尽きない感謝を込めて，いつもより長く頭を下げた。

　相手チームの選手たちと軽く握手をした後，試合が始まった。試合は開始直後からワンサイドゲームとなっていったが，強豪校を相手に想定内ではあった。強豪校相手でも練習してきたすべてを100％出すことが僕たちのチームの目標であり，泥臭くも必死にプレーを続けた。

　2クォーター開始直後，小柄ながらもスピードのある選手が左ウイング（左45度）3ポイントラインから鋭いドリブルで中央フリースローラインの内側中央に切り込み，腰を落として視線をゴールリムに向けシュート体勢に入った。少し遅れながらも僕はディフェンスに入ったけれど，間に合わない。それでもシュートをブロックしようと左手を伸ばした僕の前からボールが一瞬にして消えた。

「フェイクや！　アカン！」と気づき，必死に身体を反転させてボールの行方を追った。ゴール下に走り込んできた選手にバウンズパスがキレイに渡り，流れるようにシュートが放たれた。きれいな放物線を描いたショットがバックボードに当たってからゴールに吸い込まれるのを，僕はただ目で追っていた。しかし，ボールはリングの端に当たって大きく方向を変えた。

「外れる⁉　このタイミングならリバウンドは取れるかも！」と体勢は十分ではなかったが，僕はゴールからこぼれてくるボールに向かってジャンプした。相手選手との軽い接触のあと，リバウンドは取れなかったがボールを味方選手の方向へ弾くように指先でボールに触れた。「誰か取ってくれ！」ボールの行方を祈るように見つめながら，僕の体は桜の花びらが散るようにゆっくりとフロアに落ちていった。

　全ての状況が記憶できるほどゆっくりと落下していき，「グニャ」っと水風船を踏み潰したかのような感触を右足首に感じた。すると先ほどまでのすべてがスローモーションのような世界が，再び速いテンポで動き出した。

「痛っ！　え⁉　嘘やろ⁉　マジ最悪やん……」僕の右足首に何が起こったのかはすぐに分かった。それでも右足首を見てしまうと，現実を受け入れることになりそうで，ただ試合会場の天井を見上げ続けていた目から涙が頬を伝った。

　2クォーター途中で再び右足首の捻挫に見舞われ，負傷退場した引退試合からというもの，しばらく僕の高校生活はかろうじて人間の姿をまとっていたものの，何もする気が起こらず，抜け殻のようだった。引退すれば気持ちが切り替わるのかと思って

いたけれど，引退後もバスケットボールへの未練を引きずっていた。そんな気持ちで
7月の期末試験をなんとか乗り切って，受験勉強に本腰を入れる夏休みになった。

　うだるような暑さの中，僕はクーラーの効いた高校の図書館の窓から真夏の日差し
の中を行きかう人々を何気なく眺めていた。隣の小学校のグラウンドでは少年サッカ
ー大会が開かれており，大勢の保護者が見守るなか，子どもたちがサッカーボールを
追いかけている。視線を室内に戻すと，受験参考書が仁王像のように待ち構えていた。
「そうや，僕の目標は高校体育教員になってバスケを教えることだ。僕は今，受験と
いうコートに立って，バスケットボールの指導者に向かってスリーポイントシュー
ト！」そんな（恥ずかしくて）決して口には出せない言葉を心の中で唱えながら，再
び目の前に高く積まれた受験参考書とにらめっこをした。

　午後3時すぎになっても日差しはまだ強く，カーテン越しに漏れる光が気になり集
中力も欠けてきた頃，遠くから救急車のサイレンが聞こえてきた。
「そういえば……こんな暑い中で生徒が倒れたら，指導者って何ができるんやろ
う？」

　そんな疑問がふと浮かんだ時，サイレンがさらに近づいてくる。そして突然サイレ
ンが止んだ。
「これは近いわ！」僕は窓際に駆け寄り外を見下ろす。先ほどまでのけたたましいサ
イレンとは対照的に，救急車が静かに滑るようにグラウンドへと吸い込まれて行く光
景をただじっと見ていた。ふと目を救急車の先に移すと，そこには炎天下にも関わら
ず，大人たちが右往左往しており，ちょっとしたパニックに見えた。

　救急車のハッチバックから救急隊員がオレンジ色のバッグを取り出し，落ち着いた
様子で歩を進めると，その先には少年が1人地面に横たわっていた。微動だにしない。
いや，遠目だから動いていないように見えるだけなのかもしれない。
「一体何が起こったんや？　どうして大人たちは，野次馬のように取り囲んでいただ
けで何もしていないんや？　いや，僕からは見えていなかっただけやろうか……。」

　ほどなくして少年はストレッチャーに移され，救急車に乗せられた。
「あの少年にいったい何が起こったんやろう？　原因は何やろう？　どうして大人た
ちは何も処置をしていなかったんやろう？　少年が微動だにしていなかったのは，も
しかして最悪のケース……？」そんなことを何度も何度も繰り返し考えているうちに，
救急車はグラウンドから走り去っていった。しかし，僕の頭の中は先ほどまで元気に
サッカーをしていた少年が動かずグラウンドに倒れていたことが納得できず，何かモ
ヤモヤした気持ちだけが長い尾のようにいつまでも消えなかった。

　納得のできる答えもなく，喉を掻きむしりたくなるようなモヤモヤした気持ちが晴れない。そんなモヤモヤを紛らわそうと，大学受験案内誌をパラパラ漫画のようにめくりながら，大学進学後の自分の姿を想像していた。そんな夏の終わりから半年余り，高校体育教員になる目標を達成するためにスポーツ・健康系大学（学部）をいくつか受験した。広小路大学はスポーツ系学部が創設されてからの歴史も浅く，これから自分が学部の「歴史」づくりに加わり，少しでもオーナーシップが発揮できる気がして，広小路大学スポーツ健康科学部に入学を決めた。

安全なスポーツ環境を整えるには
高校におけるスポーツ安全管理体制の現状と安全向上を目指して

堀　美幸

学校法人立命館一貫教育部アスレティックトレーナー

「今まで何も起こらなかったので」,「こんなことになるなんて」。

何かが起こった時によく聞く言葉ですが,安全にスポーツを行う環境を作るためには,「想定外の出来事でした」とならないよう,様々な状況を考え準備をしておく必要があります。

教育現場における安全管理は各校の教育方針や安全管理,リスク管理への取り組みを基本としていますが,スポーツ現場における安全管理はクラブを指導している教員やクラブ活動指導員の安全に対する知識とリスクの理解に大きく左右されます。多くのクラブにおいて,1名の指導者がクラブ活動の指導に当たっているのが現状です。指導者の担うべき役割は多岐にわたり,そのすべてをクラブ指導者が1人で担うことは容易ではないでしょう。スポーツ競技経験のない指導員や,自身の経験したことのない競技を担当しなければならない指導者がいる現状では安全な環境づくりを行うことは簡単なことではありません。

私たちアスレティックトレーナーは,様々なスポーツ現場における安全管理を行う特別な職業だと自負しています。しかし,残念ながら教育現場においてアスレティックトレーナーという職業は未だ知名度が低く,私たちが何をする人なのか,何ができる人なのかということを知ってもらうことから始めていかなければならないのが現状です。クラブ指導者の意向を伺いながら,携わったチームが安全に競技を行うために必要な要素は何かを考え,提案と実践を繰り返し行っていく。その積み重ねが,スポーツ傷害の発生を減らし,体力や競技力の向上につながるよう,常に考えてチームに携わっています。

クラブ活動は学校教育の一環であることから,安全なスポーツ環境はどうすれば作れるのかを学生1人ひとりが自発的に考えて行動をしてもらえるよう講習会なども行っています。「いつもと違うかも」や「ちょっとおかしいぞ」がわかるようになれば,おのずと自分自身の体調や周りの環境,他選手にも心を配れるようになり,

結果として大きな事故を未然に防ぐことへと繋がります。指導者のみならず，選手やマネージャーなどチームに携わるすべての人の知識と意識が向上することでより安全なスポーツ環境が確立されていくことを，経験を通して学んでもらいたいとも考えています。

　アスレティックトレーナーによる成果はなかなか目に見えるものではなく，必要性や重要性を感じてもらえるまでには少し時間がかかります。しかし，「あの時こうしてくれてよかった」，「いてくれてよかった」と感じてもらえる回数を少しずつ増やして行くことが，アスレティックトレーナーを知ってもらう一番の近道だと考えています。

　安全にスポーツを行える環境を作るためには，様々な状況を想定し万全の準備しておくことが大切です。そしてもしもの出来事が起こった時に慌てず想定内の出来事として対応できるよう，チーム全体で知識を共有し，みんなで助け合う意識を持てる環境を作っていく。アスレティックトレーナーが学校に，チームに在籍していること＝安心して練習や試合に参加できる環境がある，という1つの指標となるよう，より良い環境づくりに励んでいきたいと思います。

第2章　日本での大学生活

大学1回生「春」

「新入生の皆さん，ご入学おめでとうございます。我が広小路大学スポーツ健康科学部は皆さんのご入学を心よりお祝い申し上げます」

　この学部長の一言から僕の大学生活が幕を開けた。大学に入るとまず様々な手続きや授業登録などの説明会が1週間にわたって次々と開催され，右も左もわからない僕は先輩たちの誘導に従って他の新入生と共に群をなしてスケジュールをこなしていくのが精一杯だった。

　そんな過密スケジュールが続くオリエンテーションも最終日。僕はその日の夕方に開催される予定に目を奪われた。

「グローバル・アスレティックトレーナー（GAT）プログラム説明会って何やろう？　グローバルは国際的なイメージがあるけれど，アスレティックトレーナーって一体なんやろう？　何かトレーニングに関わるプログラムなんやろうけど，アスレティックって言葉は……木製遊具のことやとして……遊具を使ってトレーニングすんのかな」

　初めて目にした言葉だけれど，まだ教員になるための教職課程以外は，大学で何に打ち込むか決めかねていたため，ここ数日で新しくできた友達数名を誘って，'とりあえず'木製遊具でトレーニングする（かもしれない）GATプログラム説明会に参加することにした。

　スポーツ健康科学部事務担当者の挨拶に続いて無精髭を下あごに蓄えた，いかにも大学の先生らしい風貌をした松岡哲也先生が登壇し，GATプログラムの詳細を話している最中，遅刻者が入室してきた。松岡先生は遅刻した学生に一瞥をくれるだけで，注意をするわけでもなく，話を続けた。僕は「入学早々，遅刻なんてするんや。もし事情があれば，事前に連絡をして，申し訳なさそうに入ってくればええのに。先生も呆れてるんじゃないか」そんなことを考えながら，いよいよGATプログラムの正体が明かされた。

「GATプログラムは広小路大学スポーツ健康科学部で3年を過ごした後，4年目はアメリカの大学院に進学してもらいます。アメリカで2年間のアスレティックトレーニングの課程を修了すると，大学院修了と共にアスレティックトレーナーになれるんです！　いや，正確にはアスレティックトレーナー（ATC）の受験資格が得られるん

ですけどね。我々広小路大学スポーツ健康科学部はアメリカペンシルバニア州にある East Stroudsburg University（ESU）および，ケンタッキー州にある Spalding University（SU）と提携し，広小路大学 3 年修了時に大学院に入学し，広小路大学入学後 5 年で大学院が修了できる，日本で初めてのプログラムを整備しました。またスポーツ健康科学部を 3 年で卒業する早期卒業制度もあります。早期卒業制度を利用すると，文部科学省だけじゃなく，様々な民間団体が提供している留学奨学金への応募も可能です。決して簡単な挑戦ではありませんが，新入生の皆さん，是非参加してみてください」

　無精髭の先生が時間をかけて準備したプログラムがついに花開く喜びを表すかのような満面の笑みが印象的だったが，僕が感銘を受けたのは，引き続き登壇した爽やかな小寺和博先生の「アスレティックトレーナーとは何者なのか？　アスレティックトレーニングとは何なのか？」についての説明であった。

　アスレティックトレーナーとは運動をする人（スポーツ愛好家からアスリートまですべての活動的な人々）の体調と怪我を管理し，常に最高のパフォーマンスを発揮できる状態にするプロであるが，アメリカと日本ではアスレティックトレーニングの資格について大きな違いがあることが分かった。最も大きな違いはアメリカの資格（Certified Athletic Trainer, ATC®）はアメリカの国家資格であること。そしてその資格は理学療法士などと同じく準医療資格と認められ，アメリカでは社会的にも認知度が高く，プロスポーツはいうに及ばず，大学や高校にも多く雇用されているスポーツ現場における体調や怪我の管理のプロフェッショナルだということだった。全米大学体育協会（National Collegiate Athletic Association: NCAA）では学生アスリートの医学的判断（けがからの復帰などの判断）はチームの医療スタッフ（チームドクターあるいはアスレティックトレーナー）が行うと決められていることや，スポーツ以外の分野（宇宙飛行士や歌劇団など）でもますますアスレティックトレーナーの需要が増加しており，アメリカでは将来的に更なる活躍が見込まれる職業の 1 つであるということ。一方，日本のアスレティックトレーニング資格は日本スポーツ協会が認定する認定資格であり，オリンピックチームや国民体育大会（国体）などに帯同する際には日本スポーツ協会認定アスレティックトレーニング資格が必須であることを知った。

　また，この 2 つの資格認定カリキュラムは大きく異なる。特に教室で学んだ内容を実践で練習できる実習時間の差には驚かされた。アメリカのアスレティックトレーニングプログラムではプログラムに入学願書を提出するために 50〜150 時間の見学実習が必要だ。プログラムに合格すれば，毎日の授業に加えて，アスレティックトレーナ

一の下で1000時間（プログラムによって異なるが，およそ毎学期200～300時間）以上にものぼる現場実習を行わなければならない。大学・高校・セミプロスポーツなどの異なるレベル，女子・男子スポーツの異なる性別，陸上・氷上・水中などでの異なる環境，個人・団体の異なる競技形態，防具やヘルメットを使用するスポーツ，非スポーツ競技者などの様々な環境で現場実習することは，アスレティックトレーナーとしてのスキルを身に付けるために必要不可欠な実習だと聞き，多くの学生は目を真ん丸にして，「え？　毎日の授業の予習と復習に加えて，さらに1000時間の実習？　それを２年間続けるの？」，「授業と実習にバイトなんかしたら，寝る時間ないやん」，「興味はあるけど，大学ではもっと様々なことに時間を使いたい」など，あちらこちらから不満の声が聞こえた。さらに小寺先生は続けた。

「また高度な救急対応スキルを身に付けるために，その実習時間のうち200時間はアメリカンフットボールやアイスホッケー，男子ラクロスなどの傷害リスクの高いコリジョンスポーツ*やヘルメット・ショルダーパッド*などの防具を使用するスポーツでしなきゃいけないんですよ。それはスポーツ現場医療の最前線で戦う専門家を養成するために絶対に欠かせない実習なんです。これがアメリカのプログラムの特徴です」

　一方，日本のプログラムでも600時間以上の授業時間に加えて，180時間の現場実習が課されているらしく，日本のアスレティックトレーナー養成プログラムも，アメリカと同じく厳しいカリキュラムで構成されており，決して簡単ではない。

「日本に残っていてもアメリカに留学をしても，どちらも厳しいプログラムやん。（挑戦するかしないか）どうする～？」そんな言葉を友人たちと交わしている間に，小寺先生は最後の言葉を続けた。

「アスレティックトレーナー（ATC）はスポーツ現場における選手の体調や怪我の管理の専門家です。決して特定のスポーツの専門家や指導者ではないんです。スポーツ現場では様々な怪我が様々な部位に起きます。それらの怪我を適切に評価した上で，適切な応急処置をして適切な機関に搬送しなければ，命に関わることもあります。スポーツに参加することは，常に怪我のリスクと隣り合わせなんです。そんな中，アスレティックトレーナーはスポーツ現場で選手の命を守れる唯一の専門家なんです。決して容易な資格ではありませんが，是非新入生の皆さんの挑戦をお待ちしています」

　小寺先生の言葉には，僕にとって多くの答えが散りばめられていた。

＊コリジョンスポーツ　　激しい身体接触が意図的に行われるスポーツ。
＊ショルダーパッド　　アメリカンフットボールで使われ，タックル時に上半身の怪我から身体を守る防具。身体の大きさやポジションに合ったパッドを選択する必要がある。

　昨年の夏，救急車で搬送される少年を見送りながら感じた，なぜか腑に落ちずにモヤモヤしていた心に紫電一閃，心の雲がスッキリと晴れ渡った。「スポーツ現場で選手の命を守れる唯一の専門家である」それが，あの夏に感じた疑問の答えだったのだ。こうして，高校の部活動に未練を残して終えることとなった僕は，広小路大学でアスレティックトレーナーという新たな分野を開拓することとなった。

立命館大学スポーツ健康科学部とは

立命館大学とは

　「自由と清新」を建学の精神とし，「平和と民主主義」を教学理念に掲げる私立大学。京都府京都市の衣笠キャンパスと朱雀キャンパス，滋賀県草津市のびわこ・くさつキャンパス（BKC），大阪府茨木市の大阪いばらきキャンパス（OIC）に，計16の学部と22の研究科を有する総合大学です。

立命館大学スポーツ健康科学部とは

　立命館大学スポーツ健康科学部は，2010年度，びわこ・くさつキャンパスに開設されました。スポーツ健康科学の教育研究を通じて，グローバルな視野とリーダーシップを備え，スポーツ健康科学分野への理解を持ちつつ，社会の発展に貢献する人間を育成することを目的としています。

　科学的に競技力を向上させる「スポーツ科学コース」，健康の維持・増進を図る「健康運動科学コース」，保健体育の指導法を探る「スポーツ教育学コース」，組織の運営を学ぶ「スポーツマネジメントコース」の４つのコースから成り，「人」の最小単位である細胞や遺伝子から，臓器，人体，さらに人の集合体である集団まで，社会の幅広い課題について，多様な学問分野を連携させた教育・研究を展開しています。

　スポーツ健康科学部の実験・研究施設は「インテグレーション・コア」という建物に集中しており，MRシステムやハイスピードカメラ*，モーションキャプチャ*，低酸素実験室等の最先端の機器や設備を導入した教育・研究環境が整

　　＊ハイスピードカメラ　　短時間の高速現象を高速撮影して，スローモーションで観察することができるカメラ。
　　＊モーションキャプチャ　　身体や物体の３次元の動きを計測し，動いた位置を数字で表すことができたり，動きを３次元的に表すことができる装置，動作分析に使用される。
　　＊低酸素実験室　　低酸素環境を人工的に作り出すことができる実験室。

っており，研究活動のみならず，様々な実習等の授業でも利用されています。

　また，スポーツ健康科学部がある「びわこ・くさつキャンパス」には経済学部，食マネジメント学部，理工学部，情報理工学部，生命科学部，薬学部があり，自身の学部だけでなく，他学部との連携による共同研究や合同授業なども実施されています。また，他のキャンパスも含めて大学全体の学生数は3万人を超え，部活動やサークルといった課外自主活動についても活発に行われています。

（島田　大輔）

日本にいながら英語環境を作り出す

　しかしこの GAT プログラムでやっていくには大きな不安があった。それは僕の英語力である。これまで受験英語は勉強してきたけれど，アメリカの大学の授業についていける英語力を試すテスト（Test of English as a Foreign Language: TOEFL）も受験したことがなく，果たして通常の授業と留学に必要な（英語で実施される）アスレティックトレーニングの授業をすべて履修していけるのかすらわからなかった。広小路大学で3年間留学に必要な単位を修得し，卒業前にアメリカの大学院に留学することで遅滞なくアスレティックトレーニングのプログラムを学べる画期的なプログラムだと感じた一方で，果たして英語がそれほど得意でない自分に実現できるのかと不安にもなった。それでも僕は GAT プログラムに参加することを決意した。それは医療の面からスポーツを支えたいという僕の夢を叶えてくれそうなプログラムだったからだ。一緒に説明会に参加した友人は，「面白そうなプログラムだけど，そんなに英語ばかりに時間を使いたくないし，そもそも日本の資格じゃないし」などと言い，最終的に GAT プログラムに参加の意志を示したのは7名だった。それぞれ違った思いで GAT プログラムに参加していて，明確にアスレティックトレーナーを理解していた学生から，「トレーナー」という言葉に惹かれて参加した学生まで様々だった。

　そんな仲間たちとは毎週水曜日の昼休みにみんなで集まり，TOEFL の勉強にはじまり，筋肉や骨などの身体の仕組みを英語で勉強したり，下宿をしている GAT プログラム生の家に集まって宿題をしたり，鍋を囲みながら「筋肉クイズ」ゲームをしたりとまるで，サークル活動のようだった。春学期の課題として学内のアスレティックトレーナーの下で50時間の「オブザベーション（観察期間）」をしなければならなかっ

た。徐々に大学生活にも慣れて，オブザベーションを通じてアスレティックトレーニングを理解してくると，「他にやりたいことがみつかった」や「アスレティックトレーニングは自分が思っていたモノとは違った」といった理由から GAT プログラムを続けていくのが辛そうな友人がポツリポツリと現れた。

　彼らを励まして GAT プログラムにとどまらせた方がよいのか，彼らの意思を尊重して何も言わずに見守った方がよいのか，葛藤があったけれど，僕自身は，正直なところ他人のことを気に掛けるほど心の余裕もなく，英語の勉強に明け暮れていた。

　僕自身の目標はというと，将来アメリカの大学でバスケットボールに携わる仕事がしたいので，アスレティックトレーナー資格（ATC）を取得するために留学したいと思っていた。そのために英語力を伸ばすことを優先して，なるべく英語が使えるようにと，外国人の客が多く集まる近所のインド料理店をアルバイト先として選んだ。学校では TOEFL の勉強，そしてアルバイトでも英会話，家に帰ると海外のバスケットボール動画や，日本人なのに英語のインタビューにスラスラ答えるテニスの錦織圭選手やレーシングドライバーの佐藤琢磨選手のインタビューをインターネットで閲覧し，日本にいながら僕自身の環境を英語に囲まれた環境に変えることで，英語力アップを図った。その結果，少しずつではあったけれど英語力が着実に伸びている実感があり，充実した毎日だった。とはいえ，受験で培った英語力は TOEFL の前では無残な結果が続き，留学ができるレベルには到底達していなかった。

　夏休み中には英語でアスレティックトレーニングに関する様々な講義が行われたが，毎日開講されたわけではなく，下宿生は実家に帰る時間もあり，アルバイトをする時間も十分にあった。それぞれの学生のスケジュールの合間を縫って行われた講義では，「アスレティックトレーニング・アスレティックトレーナーとは」，「基礎機能解剖」，「アスレティックテーピング」，「身体運動学（キネシオロジー）」などの講義が英語で開講された。GAT プログラム生の参加は任意だったので，車の合宿免許に参加したり，アルバイトが忙しかったりする学生はほとんど出席してこなかった。それでも，僕にとっては学部では受けられない講義内容なので，さらにアスレティックトレーニングに惹かれることとなり，とても充実した夏休みとなった。

　松岡先生には，「2 回生時に英語でアスレティックトレーニングを勉強するので，それまでに最低限の英語力を身に着けときや。そうでないと，めっちゃ苦労することになるで」と口酸っぱく言われていたのだが，「英語の授業」と「英語で授業」は全く違うことを理解することはなかなか難しかった。

　夏の間，英語で講義を聞き，英語で質問し，英語でディスカッションするなど，

徐々にではあるけれど，英語にも慣れてきて，TOEFL のリスニングセクションの成績も上がってきた。それでもリスニングと長文読解力はまだまだ足りないと感じていた。一方，文法セクションではほぼ満点に近い得点を得られるようになった。これは推薦された一冊の英文法問題集と一冊の英文法書を繰り返し行った成果だと思う。

夏休みが終わると，入学当初とは違う目標を見つけた仲間たちがそれぞれの目標に向かって GAT プログラムから去っていった。それでも僕は彼らを引き留めることはしなかった。英語が得意なだけではアスレティックトレーナーになれない。アスレティックトレーニングへの情熱と目標を成し遂げるための強い意志がなければ，GAT プログラムは辛い時間だったのかもしれない。

そして 1 年が終わるころ，GAT メンバーはカズ，ユウキ，マサ，そして僕の 4 人となった。

愛宕一成（あたごかずなり：カズ）はスポーツに関わる仕事に就くために，スポーツに関わって仕事ができるトレーナーの勉強をしたい想いで GAT プログラムに残った。口は悪いけれど，根は優しい男だ。田所正明（たどころまさあき：マサ）は口数は少ないが，将来トレーナーとしてアメリカのスポーツ現場で働きたいと，アメリカへの夢を強く持っていた。柳田祐樹（やなぎだゆうき：ユウキ）はというと，高校時代に自身が怪我に苦しんだ時期があり，怪我で苦しむ選手をサポートしたいという想いを胸に GAT プログラムに残っていた。

僕たち残された 4 人のメンバーは松岡先生のオフィスを訪れ，この先の GAT プログラムについてある疑問をぶつけた。カズが真っ先に詰め寄るように尋ねた。
「これは俺たち全員の疑問なんですけど，どうして松岡先生は辞めていく GAT メンバーを引き留めないんですか？ 10 人以上いた仲間が 1 年で半分以下になっても，GAT プログラムは続けられるんですか？」。

松岡先生の答えは明確だった。
「春学期に 50 時間のオブザベーションしたやろ？ あれは課題ではあったけど，ある意味「味見」と一緒やねん。アスレティックトレーナーっていう，どんな味かわからん食べ物を一度味見して，そこから好きになるかどうか決めてくれればいい。「美味しい」と感じたら，GAT プログラムを続け，「マズい」と感じたら，去ればいい。美味しくないものを食べさせられ続けても，ツラいだけやろ。アスレティックトレーナーになりたいって思わへん学生を引き留めても，本人がツラいだけや。ただし，ただ単に辞めるだけじゃ路頭に迷ってしまうやろ。だからこれからどういう学生生活を送りたいとか，将来の目標を達成するためのプロセスを明確にした上で，他の道へ進

立命館大学スポーツ健康科学部の GAT プログラムについて

　GAT（Global Athletic Trainer）プログラムとは，立命館大学の学士号と，提携しているアメリカの大学院の修士号を取得し ATC の資格取得を目指す，立命館大学スポーツ健康科学部独自の留学プログラムです。

　2019年度現在，CAATE（The Commission on Accreditation of Athletic Training Education）公認の大学院を有する，米国の East Stroudsburg University of Pennsylvania（以下，ESU）と，Spalding University（以下，SU）の 2 大学院と協定を結んでおり，立命館大学スポーツ健康科学部 4 年次の前期修了時までに卒業に必要な科目の単位を修得し，夏頃から各大学院へ留学し，立命館大学の学士号と，各大学院の修士号をどちらも取得することで，ATC の受験資格を得ることができるよう設計されています。

　プログラム最大の特長は，立命館大学で修得した単位が各大学院進学のための先修要件として認められることです。これにより，通常個人で留学する場合と比べ短い期間で修士号までを取得し，ATC の受験資格を得ることができます。2018年度からは立命館大学スポーツ健康科学部に「早期卒業制度」が整備され，要件を満たせば立命館大学スポーツ健康科学部を 3 年次修了時点で卒業することができるようになり，より早く留学準備を進めることが可能になりました。

　立命館大学スポーツ健康科学部で開講される GAT プログラム参加のための必修科目や，各大学院への出願手続き，各大学院での授業は全て英語で実施さ

GAT プログラム実習風景

ハワイ大学でのインターン風景

れるため，GAT プログラムへの参加には高い英語運用能力が必要になります。そのための低回生支援コースとして「GAT Step-Up コース」が実施されています。

　「GAT Step-Up コース」は，英語運用能力を高め，かつ必要なアスレティックトレーニングの知識とスキル向上を目的としています。具体的には正課科目「スポーツ健康科学特殊講義 II（AT-1〜4）」の開講，ハワイ大学マノア校での「海外インターンシップ」や，日本人アスレティックトレーナー（ATC）のもと実践的な現場で学んだ知識とスキルの習熟を目指す「国内インターンシップ」の実施，英語運用能力アップ支援，授業内容に沿った英語によるフォローアップや実践的・発展的なレクチャーを行う「アスレティックトレーニングスキルアップ支援」，国内外様々なシーンで活躍しているアスレティックトレーナー（ATC）を招いたセミナー「キャリア形成セミナー」等を実施しています。

　これまで，ESU に 2 名，SU に 2 名のプログラム生を送り出し，2019 年 5 月に GAT プログラム 1 期生が ATC を取得しました（2019 年 8 月現在）。

（島田　大輔）

んでほしいとは思ってるから，辞めていった学生とゆっくり話はしたで。大切なのは明確な目標を持つこと，そしてその目標を達成するためのプロセスを明確にすること。この 2 点がなかったら，夢とか目標は実現できひん。俺はこの 2 点がアスレティック

トレーナーに向いてる学生を本気でサポートする」

　普段のフレンドリーな口調ではなく，「これだけは肝に銘じておけ」と僕たちに諭すような口調に，GAT プログラムが真剣に僕たちをアスレティックトレーナーに導いてくれるんだと，安心感を覚えた。

2 回生

　1 年間はアスレティックトレーニングとは何か？を学ぶ時間だったが，2 年目からはいよいよ英語でアスレティックトレーニングを学ぶ授業が始まった。1 回目の講義では GAT プログラム生の他にも15名を超える学生が出席していた。授業が始まる前，みんな口々に「この授業ってアメリカの教科書を使ってされるんだよね。大丈夫かなぁ？」「去年もこのクラスは楽勝やったって先輩が言ってたで。教科書は英語やけど，講義は日本語やし，最後に英語でレポートを少し書けば単位が取れるってさ」「そうなん？　じゃあなんとかなりそうだね〜」なんて言っていた。しかし僕はこのクラスはそんなに甘いもんじゃないと知っていた。なぜなら，今年から松岡先生がこの授業を担当するので，去年までの情報は全く当てにならないと思っていたからだ。

　僕たち 4 名の GAT プログラム生は「松岡先生ってそんなに甘くないよな。本気でこのクラスを教えるって言ってたもんな？」「でも，俺たちをビビらそうとして，意外と大げさに言ってただけかもしれへんな」とヒソヒソと話していると，松岡先生が入室してきた。その瞬間，雰囲気が一変した。

「Hello everyone, how are you ? This class is 'Foundation of Athletic Training' which is all lectured in English. You might have heard this course is easy to pass, but this is not the case in this year. I challenge you with frequent quizzes, mid-term exams, and a final exam. If this is not what you have expected, you need to step out of the classroom immediately and drop this course.」

　松岡先生による日本語を話すつもりは全くない，との意思表示だと，僕は思った。先ほどまで「なんとかなるな〜」と言っていた学生たちも，驚いた様子で無言だった。

　そんな中 1 人の男子学生が「すみません。もう一度日本語で言ってもらえますか？」と果敢にも日本語で質問をした。先生の答えは実にシンプルだった。

「In English, please.」の一言で，僕は「やっぱりな」と思い，周囲を見回すと，誰も微動だにせず，ただ教壇に立っている松岡先生に注目していた。先生は続けて「I give you five minutes to think whether you like to stay in or leave the class-room.」と言って，教壇の椅子にゆっくりと腰を掛けて，クラスの様子をうかがっていた。1分……，2分……，3分……と沈黙の時間が流れても，誰も席を立たない。そこで松岡先生は再び口を開いた。

「It's not easy to be the first person to do something, but the first person should be praised for his/her braveness. At least, I admire your courage. Leading a group of people as the first person is very important to change the society.」

ゆっくりと諭すような口調で言うと，女子学生が荷物をまとめて1人立ち上がり，無言のまま教室から出て行った。この機を逃すな，とばかりに次々に学生たちは荷物をまとめて教室から無言で去って行った。彼らが廊下で何を話していたかはわからないが，最後に残ったのはカズ，ユウキ，マサ，そして僕の4名のGATプログラム生と卒業後にアメリカ留学を計画している2名の3回生の計6名だった。

使用する教科書は実際にアメリカのアスレティックトレーニング授業で使用される教科書らしく，当たり前だがすべて英語で書かれている。A4サイズよりも一回り大きいサイズで，厚みは5センチにも及ぶ教科書だった。松岡先生が「このテキストはほとんどのアスレティックトレーナーが卒業しても参考書として使っているバイブルみたいな本やから，勉強するにはもってこいやで」と言った通り，内容はアスティックトレーニングの基本を28章に渡ってすべて網羅している教科書だった。

アスレティックトレーナーになってからもずっと参考にしているという松岡先生が学生時代に実際に使った教科書を見せてくれた。ほぼすべてのページに黄色い蛍光ペンでラインが引かれていた。マサがなかなかよいツッコミをした。「これだけハイライトが多いと，逆にどこが覚えるポイントかわからないんじゃないですか？」と聞くと，「ハイライトしてある部分は間違いなく理解しなアカンポイントやで。だから全部覚えなアカンねん」と，間髪入れずに答えが返ってきた。何よりも驚いたのは，ほとんど日本語が書かれていなかったのだ。

ユウキから「先生，この教科書は全部英語で理解できたんですか？」と，当たり前の質問が飛んだ。すると，「俺はこのクラスを履修する前に，1年間準備期間があったから，ほぼ英語で理解できたで」と，GATプログラム生の僕たちとはアスレティックトレーニングを勉強した環境が違って申し訳なさそうに答えてくれた。

この授業は今まで受けたどの授業よりも内容が濃い。濃過ぎて消化できるか不安になるくらい濃い。「アスレティックトレーナーとは？」に始まり，「スポーツにおける

リスクマネジメント」、「スポーツ傷害の病理学」、「スポーツ傷害ケア」などの一般的な内容から，部位別の「整形外科的スポーツ傷害」と「傷害別の評価方法とリハビリ・リコンディショニングの基礎」まで，アスレティックトレーニングの基礎を網羅して学べる一方で，その勉強量もハンパない！　1年ですべての章を学習するので，毎週1章ずつ読んで予習しないと，まったく授業についていけない。ただ，松岡先生は「基本的には教科書に書いてあることをテストに出すから，まずはしっかり予習をしてくることがこのクラスの前提となるで」など，僕たちの学びが最も効果的になるようなアドバイスも具体的にしてくれた。

　何よりも，筆記試験だけではなく，テーピングや（体の部位を触る）触診などの実技試験も課されている。「理論」と「実践」がパッケージになった授業で，大変だったけれど「学び」も大きかった。また必然的に英語の長文を読み込み，授業では英語でコミュニケーションを取っていたため，このクラス修了後の TOEFL スコアはいつの間にか飛躍的に向上していた。また他の授業も当然履修していかなければならないので，毎日の，そして1週間のタイムスケジュールを上手に組まないと，毎週パンクしそうだった。このタイムスケジュール管理もまた，アスレティックトレーナーにとって必要なスキルだと教わった。

オアフ大学でのインターンシップ

　GAT プログラムを通じて，アメリカのハワイにあるオアフ大学のアスレティックトレーニングプログラムで本場のアスレティックトレーニングの学習機会が準備されていた。しかし，このインターンシップは僕たち GAT プログラム生にとって，日本では味わえない冒険の連続だった。引率で松岡先生が一緒に来てくれたけれど，関西国際空港に集合すると，突然僕らは自分たちですべてを解決していくことを迫られた。「俺は君らの後ろについて，必要な場面では手助けはする。ただ，できるだけ自分たちで全てを行ってもらうんで，手助けをされることは恥と思ってや」と，松岡先生は言い残すと，常に僕たちからは数メートルの距離を保ち始めた。

　すると，いつも調子のいいカズが「じゃあ俺がまずチェックインしてくるわ」と，海外旅行経験者の強みを活かして，先頭を切った。すると，ユウキも「あっちのカウンターが空いてっから，俺も行ってくる」と，チェックインカウンターに歩を進めた。飛行機に乗るのが初めてのマサと僕，初心者2人組は右も左もわからないまま，チェックインの列に並んだ。カズとユウキがチェックインを済ませたようだ。すぐにマサ

と僕も別々のカウンターにチェックインの手続きに向かった。必要な書類はすべてファイルに入れていたので、グランドスタッフに言われるがまま必要な書類を提示し、滞りなくチェックインを済ませた。

　出発までの時間を仲間4人で空港内をブラブラしながら過ごし、松岡先生とは出発ロビーで待ち合わせることになった。カズの「ラッキー。先生にずっと見張られてたらしんどいから、ちょうどいいな」という意見には一同同意した。そうだ、ここで自分たちが「できる子」だと松岡先生に見せたい。僕たちは有名チェーン店でハンバーガーを頬張りながら、団結した。

　ハワイまでは直行便ではなく、ちょっと値段の安い中国・上海経由だった。搭乗した中國東方航空便は定刻通りに上海浦東空港に到着し、僕たちは乗り継ぎのため、一度搭乗機を降りることになった。ここではもう松岡先生は後ろについてくるだけで、何も声をかけてくれない雰囲気を出していた。松岡先生に尾行されている気分になった。

　僕たちは松岡先生を見返したい気持ちで、「絶対に助けてもらわんと、インターンシップを終えような！」そんな機運が高まっていた。降機後の乗客の流れに身を任せ、僕たちは初の中国にドキドキしていた。しばらく人々の流れに乗ってきた僕はカズに小声で尋ねた。

「この人の流れって、ハワイ行きの便に乗り継ぎする人らやんな？」

「え？　どうなんやろ？　でも、みんなこっちに来てるし……」と白黒つかない返事をしたカズは、人の流れに乗って歩き続けるマサに聞いた。中国語が飛び交う通路では、カズとマサの会話は聞き取れなかったが、マサは目が飛び出しそうな表情で歩みを止めて、辺りを見回し始めた。ユウキは何事かわからずに、マサの動きをうかがっていた。

「しまった！　こっちと違うやん！　人の流れについて来てしまったけど、乗り継ぎはこっちと違うと思う！　松岡先生があんな後ろでこっち見てる！」とマサが早口で叫ぶと、皆で後ろを振り返った。松岡先生は30メートル以上離れたところから、笑顔で手を振っていた。僕はその松岡先生の行動が癪に障った。

「なんで止めてくれへんかったんや。必要な場面になったら助けてくれるって言ってたのに、このまま中国に入国してたら取り返しがつかへんやん。そうなったら一大事やで！」そんな松岡先生への気持ちを整理できないまま、中国へ入国する人の流れに逆らって、「International Transfer」の案内板の方へと進むと、松岡先生の笑った顔がさらに憎く思えてきた。

「よく気づいて戻ってきたなぁ。あのまま入国してしまうんかと思ってたわ。まぁそうなったらその時やな。乗り換え時間もたっぷりあるし。わっはっは」と，松岡先生が笑った。

国際線乗り継ぎカウンターでハワイ行きの航空券にスタンプを押してもらい，無事に通過すると，松岡先生が「あのまま気づかへんかったら，本当に中国に入国できたんかな。乗り換えには 4 時間あるから，戻って来るには十分な時間はあったやろうけど。そもそも入国書類とか書いてたら気づくわな」と，呑気に言うのがまた癪に障った。それでも，まずは中国・上海での乗り継ぎを終え，僕たちはいよいよハワイへと飛び立った。

ハワイ空港に到着した僕たちは，上海でのミスを繰り返さないように入国する人の流れを確認しながら進むと，すぐに入国審査ゲートに到着した。ここでは入国審査官に聞かれる質問を想定して，事前に質問される内容と模範解答を練習してきた成果が楽しみでワクワクしていた。先に並んでいたカズがまずカウンターに進み，ユウキもマサも続いて別々のカウンターに進んだ。ユウキとマサはほぼ同時に審査を終え，手を振りながら視界から消えた。しかし，視界の片隅にはまだカズがインタビューを受けている。何やらジェスチャーを交えながら話している姿を横目に，いよいよ僕の審査がやってきた。

いざ本場のアメリカ人を前にすると，「What is the purpose of your trip？ How long are you staying？ Where are you going to be staying？」などと言われ，それらが想定していた質問だったのかもしれないが，全く聞き取れずに焦り，体が熱くなって背中に汗をかく感覚が伝わった。顔も暑くなり，何度も「Excuse me？ Could you say that, again？」と繰り返す僕に，なんと審査官は日本語で質問を始めた。

「おぉぉ，日本語しゃべれるんか〜！　助かった」と胸を撫でおろし，滞在目的や滞在期間を聞かれ，両手10本の指の指紋を読み取られると瞬く間に入国審査を終えた。最後に「Thank you！」と入国審査官に言って僕も審査を通過し，足早にユウキとマサの後を追った。後ろのブースではカズが身振り手振りを交えながら，まだ何か言っていた。

「かたくなに日本語での質問を拒否してんのかな。あほやなぁ，意地を張らずに日本語で答えたらいいのに」と思いながら，彼の横顔を見ると，顔が猿のように赤くなり，額からは大粒の汗を流していた。

ユウキとマサと合流し，ターンテーブルの上を流れる自分の荷物を受け取り，松岡

先生とも合流した。それでもカズの姿がまだ見えないので，みんなでベンチに腰を掛けてカズを待つことにした。横並びのベンチに座り，身を乗り出しながらそれぞれがどんな質問をされたか，なんて答えたか，どれほどあっけなく入国審査を通過したかを，競うように話した。

「なんや，他の２人は英語の質問にちゃんと答えられてるやん。僕は英語ができひんってことで，同情されてたんやわ」そんな思いが募り，僕は悔しさと恥ずかしさが沸々と湧き上がってきた。

「今まで１年半めっちゃ英語の勉強してきたのに，全然コミュニケーション取られへんやん！」と，ハワイに到着するなり，「本場」の洗礼を浴びたのだ。

「カズ遅いな。まさか別室に連れて行かれてないやろな」松岡先生の一言で，みな我に返った。遅すぎる。僕たちが荷物を受け取ってから，すでに30分は経っている。僕は先ほど見たカズの様子を伝えると，松岡先生は大きなため息をついて言った。

「こればっかりは俺たちじゃどうしようもないねん。ただ待つしかないわ……。まぁ引率やし，事情を聞くくらいはできるやろうけど。ESTA[*]（エスタ）の不備やとマジでマズいな……」

　せっかく僕たちでインターンシップを乗り切ろうって言ってたのに，初日というより，まさか入国すらできないなんて。松岡先生も真剣な眼差しになってきた。その時，カズは汗びっしょりになって，無理やり笑ったような顔で姿を現した。

「ごめんごめん。めっちゃ焦ったわー。何を言ってるか全然聞き取れへんかった。とりあえずESTAも取ったし，お金も払ったってめっちゃ説明してんけど，全然通じてないみたいで，なんか別の部屋に連れていかれたわ。そこで日本語話せる人が来て，やっと解放されたわ。みんな待たせてごめんなぁ」

　カズの姿を見れただけでも嬉しかったので，カズの説明はほとんど耳に入ってこなかった。これでまた４人で頑張れる！　そう思うと，僕が受けた洗礼は大したことではないように思えた。

ついにハワイ到着！

　冷房が効いた空港ビルを出ると，午前中の優しい日差しが降り注いでいるにも関わらず，高温多湿の空気がまとわりつくように身体を包みこんだ。そこで僕たちはオア

＊ESTA（エスタ）　滞在期間が90日以内のビザ免除プログラムでアメリカに入国するすべての渡航者に義務付けられている電子渡航認証システム。渡航前に申請する必要がある。

フ大学までタクシーに乗ることにしたけれど，ハワイのタクシーは日本のそれとはまったく違い，大きなワンボックスタイプのタクシーだった。運転手はアロハシャツに身を包んだ褐色に焼けた肌をした大柄な50代の男性であった。この国は空港ビルも車もそして人も道路も，全ての人・モノが大きいと感じながら宿泊先のゲストハウスに到着すると，一転小柄な70代くらいの薄茶色の瞳の白人女性が出迎えてくれた。

　チェックインを済ませた後，彼女にエスコートされ，僕たちはそれぞれの部屋に案内された。部屋で荷物を広げると，散歩しながらみんなで2週間の生活を支えてくれるスーパーマーケットの場所の確認をしつつ，飲み物やコインランドリー用の洗剤など生活用品の買い出しをした。いよいよ明日から始まる2週間にわたるオアフ大学でのインターンシップへの期待と不安を胸に，午後はインターンシップが行われる教室棟の下見にみんなで向かった。

　広小路大学のキャンパスも随分大きいと思っていたけれど，オアフ大学のキャンパスはさらに広大だった。キャンパスの中を車や自転車が行き交い，必要であればバスにも乗車できた。まるで1つの町のようだ。僕たちはキャンパスマップを頼りに歩道脇に大きく枝を広げた木々の陰に隠れるように歩いた。オリエンテーションが行われる教室棟の周りには大きな円形をした室内競技アリーナ，アメリカンフットボール場を囲うように設置された陸上トラック，野球スタジアム，10面以上のテニスコート，屋外競泳・ダイビングプールなど，全てのスポーツ施設が観客席を備えた総合スポーツエリアとして整備されている。噂には聞いていたけど，想像を遥かに超える規模で大学スポーツが行われている。ここの大学スポーツ施設に圧倒される一方で明日から始まるインターンシップへの高揚感がさらに増した。

　空港ではあふれていた日本語も，オアフ大学キャンパス内では全く聞こえてこない。それでも，建物の名前には日本人風の名前が多くつけられていることが何とも不思議に思えた。かつて海を渡った日本人たちがこの地に根付いていることの証だと思うと，日本とハワイの間で起こった歴史の裏にあるハワイの日系移民の複雑な歴史についてもっと知りたいと思えた。ハワイに到着してからまだ1日しか経っていないにも関わらず，この地で学ぶことはアスレティックトレーニングだけではないのだと，心が引き締まる思いだった。

　翌朝，僕たちはキャンパス内のカフェテリアで遅めの朝食を摂ったあと，昨日の下見のお陰もあって迷うことなく教室棟に着いた。相変わらず松岡先生は僕たちの後ろ10メートル付近をついてくる。たまに写真を撮っている姿が視界に入ってくるが，僕

は見えていないフリをしていた。教室の入り口ではインターンシップを担当してくれる2名の日本人の先生がすでに待っていてくれた。

「こんにちは。よろしくお願いします」と僕たちが口々に挨拶をすると,「Hi, guys! Welcome to University of Oahu Athletic Training Education Program. Come in!」と,英語で挨拶が返ってきたことに,僕たちは目を丸くして顔を見合わせた。

少し戸惑いながら,教室に入って周りを見回すと,リハビリ器具,トリートメントテーブル*,超音波治療器,電気治療器,心肺蘇生用マネキン,松葉杖などが置かれていて,教室というよりアスレティックトレーニングルームのようだった。

大きなテーブルの上にはプロジェクターが置かれ,周りを囲むように僕たちが席に着くと,キリっとした眉に眼力がハンパない30代半ばの男性の先生が英語でウェルカムの挨拶と自己紹介をした。彼の名前は松田元気。ニックネームはゲン。日本の高校を卒業後,アメリカに留学してアスレティックトレーナーの資格を取ったあと,小さな大学でアスレティックトレーナーをした経験がある。アスレティックトレーナーを目指した理由は,スポーツの現場で選手のコンディショニングに関わる仕事がしたかったことと,アメリカに強い憧れがあったことの2点を同時に叶えるために,アメリカに留学をしたところ,アスレティックトレーニングと出会い,この分野に"恋に落ち"て,今もアスレティックトレーニングへの愛は変わらないという。

続いて褐色に日焼けした40代半ばの女性も当然のことながら英語での挨拶に続いて自己紹介をした。彼女の名前は佐野みゆき。彼女の通っていたインターナショナルスクールにアスレティックトレーナーがいたらしく,彼のスポーツの枠を超えてスポーツ傷害をケアする仕事ぶりに憧れ,アスレティックトレーナーになるためにアメリカに留学してきたという。アスレティックトレーニング資格を取得した後はアメリカ国内で高校と病院で長く働いた経歴のあるアスレティックトレーナーだという。こちらはミユキと呼んでいいらしい。

2人とも理由は違えども,強い意志と情熱を持ってアスレティックトレーニングを学び,その情熱は今も変わらないことが伝わった。

僕らの自己紹介では,改めてなぜアスレティックトレーナーになりたいのか,そして将来の夢,そしてこのインターンシップで学びたい内容など,オアフ大学の先生たちからの質問を受けながら自分たちがオアフ大学のインターンシップに来た意味を伝

＊トリートメントテーブル　　治療をするための台（一般成人男性が真っ直ぐに寝られるくらいの長さがある）。

えた。僕のアスレティックトレーニングへの情熱は伝わっただろうか？　日常会話ならなんとか伝えられるが，自分自身の気持ちの細かいところまで表現するには，まだまだ英語力が足りないことを初日の冒頭45分で痛感した。

　自己紹介につづいて，ゲン先生からインターンシップに関する資料ファイルを受け取り，2週間のインターンシップのスケジュールを確認した。本日の午後は心肺蘇生法（Cardiopulmonary Resuscitation: CPR）と自動体外式除細動器（Automated External Defibrillator: AED）のテストをパスしなくてはならなかった。これはオアフ大学の定める方針「学生アスレティックトレーナーはCPRとAEDの資格を保持すること」に則って行われ，講義も実技もすべて英語で行われた。松岡先生の授業のように，日本人同士でも英語でディスカッションを繰り返しながら，英語で指示を出す練習を行った。

　「First, sizing up the scene, and the scene is safe. Are you okay？ Can you hear me？ YOU, call 911, please！ One-one-thousand, Two-one-thousand, Three-one-thousand ….」など，インターンシップ前に松岡先生が「事前授業」として，英語でCPRとAEDの疑似授業を行ってくれていたので，僕らは実技試験も筆記試験も一発で合格することができた。この時，僕は改めて予習の大切さを実感した。予習をしなければ，絶対受からなかっただろうし，まず用語が専門用語で分かるはずがない。松岡先生からは「予習というのは前もって理解してくることとちゃうで。予習とは，キーワードを知ってくることや。そして複数のキーワードが講義の中でどのような関係があるのか，予め自分自身で疑問を持って授業に臨むこと，それが予習や」と，日ごろから言われていた。本場のアスレティックトレーニングを学ぶ機会にそれが実践でき，僕は大きな達成感を感じながら，次のスポーツ施設ツアーへと臨んだ。

　前日の下見では，みんなでスポーツ施設を周りから眺めるだけだったが，このツアーでは中から施設を見ることができた。ゲン先生は「アメリカの大学スポーツは学業を優先させつつも魅せるスポーツである一方，日本の大学スポーツは魅せることをしていないって聞いたけど，みんなはどう思う？」と，的確にアメリカと日本の大学スポーツの違いを指摘する。僕らは「おっしゃる通りです」と一度は返答したが，僕は「今後日本の大学スポーツもビジネスの考え方を取り入れて，変わっていくんじゃないでしょうか」と，数カ月前に観たテレビ放送を受け売りした。

　ミユキ先生が続けて，「インターンシップ最終日にはフットボールのホームゲームを観に行く手配をしてあるので，その時にゲン先生の言ったことがきっと理解できる

わ」と，まだまだ僕たちには知らない大学スポーツが待っているんだと，気分が高まりっぱなしで，ただただアメリカのスポーツ文化が成熟していることに驚くばかりだった。

　キャンパス内に観客席を備えたスポーツ施設がいくつもある学校で，アスレティックトレーナーたちがどのような仕事をしているのか，2週間みっちり見学できる予定が組まれている素晴らしいインターンシップは一瞬たりとも無駄にする暇がないほど，学ぶことが多そうだ。

　2日目からは，みっちりとスケジュールが組まれている。平日は午前5時30分から午前9時までオアフ大学のアスレティックトレーニングルーム内でのフットボール部の練習前トリートメント*とチームの練習に帯同し，午後2時から午後7時までは近隣の高校でアスレティックトレーニング見学。近隣の高校での見学も1週目は公立高校，2週目は私立高校とまったく異なる環境で見学実習できるよう予定が組まれている。月・水・金の10時30分からミユキ先生が担当するAT プラクティカム（実技）では，アメリカ国内におけるアスレティックトレーニング職を理解しつつ，スポーツ傷害のリスクマネジメントを含めた救急処置について学習する。プラクティカムの名の通り，CPR/AED，頭頚部外傷時に用いるスパインボーディング*及び，フットボールの防具の取り外しを実際にマネジメントできるようにスケジュールされている。一方，火・木は9時30分よりゲン先生が担当するAT セミナーのクラスで，アスレティックトレーニング職に関わる様々な問題について議論し，理解を深めることが目的とされている。朝から晩までカーキ色のハーフパンツに，タックインしたポロシャツ，そして足元はスニーカーという，伝統的なアメリカのアスレティックトレーナーの装いで2週間のアスレティックトレーニング三昧のインターンシップがいよいよ始まった。

　午前4時30分，耳に届くのは何かわからない虫の声のみで，こんな時間に活動している人間がいるとは到底思えない静けさの中，ストレッチをしながらゆっくりとベッドから起きた。カーテンを開けると，東の空はまだ暗く，オレンジ色の街灯が煌々と朝露に濡れた芝生を照らしている。静けさを邪魔しないように，慣れない部屋の間取りを壁伝いにバスルームまでたどり着き，バスルームの明かりをつけると，鏡には青白く照らされた僕の顔が時差ボケのためか朝が苦手なためか，少し疲れているように

＊トリートメント　　治療（医療的ケア，セラピー，処置などと呼ばれることもある）
＊スパインボーディング　　バックボーディングと呼ばれることもある。受傷した選手の評価（臨床的診断）において脊椎および脊髄損傷の可能性がある場合，（受傷程度に関わらず）脊椎・脊髄を動かさないために用いられる全身固定テクニック。

見えた。

「初日やし，絶対に遅刻できひんしな」そう自分に強く言い聞かせて，生ぬるい水道水で顔を洗った。僕らインターンシップ生 4 人は午前 4 時55分にロビーで待ち合わせ，アスレティックトレーニングルームまで20分ほど歩いていく約束をしていた。

　ロビーに出ると，マサとユウキがすでにソファに座って待っていた。「Good morning ……！」と言って僕もカズが来るのを待った。実は前日，帰る道すがら僕らで「日本に帰るまで僕らは日本語を話さない」約束をしていたのだ。日本では決して経験できない環境・文化のすべてを吸収したくて，たった 2 週間だけれど，アメリカ文化に染まろうと約束したが，マサもユウキも，そして僕も「Good morning」と言った後は言葉が続かず，無言でソファに腰を掛けていた。

　僕は誰かが寝坊するだろうと思っていたが，結局カズも遅刻せずにロビーに姿を現し，僕たちは街灯によってオレンジ色に染められた歩道を眠い目を擦りながら歩き出した。道路を行き交う車もなく，ただ虫の声だけが響くキャンパス内を皆無言で歩いていると，次第に東の空が白いでくるとともに暗かった空が少しずつ青く染まり，雲 1 つないハワイアンブルーが予感された。

　太陽が昇る少し前に僕たちはアスレティックトレーニングルームに到着し，深緑のポリネシア調にデザインされた "O" のチームロゴが飾られた広い通路の一番奥のドアを開けた。僕たちは指定されている時間前に到着したが，既に学生を含めたすべてのアスレティックトレーニングスタッフが忙しく動き回っていた。一通り挨拶を済ませて，今日のところは練習前のケアと練習の準備，そして練習の見学をすることになった。ケアに関してはあまり実践経験はなかったけれど，慣れれば実際に練習に参加するため，初日はしっかりと見学をして流れを覚えてほしい，とのことだった。

　午前 5 時30分になると，次々にフットボール選手が足首などにテーピングを巻いてもらったり，様々な部位に練習前のケアを受けるためにチェックインしてきた。オアフ大学ではチェックインをコンピュータで管理しており，施設だけでなくテクノロジーでも学ぶべきところがたくさんあった。また今まで習ったテーピングの巻き方とは異なる巻き方や気づいた点など，細かくメモ帳に書き残した。このメモ書きはゲン先生の授業の質問集として非常に役立った。またゲン先生のクラスでは各自が選択したトピックについてリサーチをし，理解を深めた上で，インターンシップ最終日にプレゼンテーションをすることになっていたので，1 週目の現場実習では思いついたことはすべて書き留めることにした。このメモ書き手法は午後のハイスクールでの見学でも同様に，疑問に思ったことや感心したこと，スーパーバイザー（現場での監督や指導

をする役割を担う）であるアスレティックトレーナーからのアドバイスなど，アスレティックトレーニング見学実習では必須アイテムとして大活躍した。

　1週目最終日の金曜日はプレジデント高校のフットボールの試合に帯同させてもらえることになった。高校の試合は金曜日に，大学の試合は土曜日に，そしてプロの試合は日曜日と，アメリカでは一般的にフットボールの開催日が決まっていることをヘッドアスレティックトレーナーのニック・クリスチャンセンさんに教えてもらった。

　ボンネットが大きく前に突き出した黄色いスクールバスに揺られて，アスレティックトレーナーやフットボール選手たちと一緒に，島の東の端に位置する高校まで30分ほどの遠征だったが，到着する直前にバケツをひっくり返したかのような豪雨が突然降ってきた。アスレティックトレーナーと審判団が協議した結果，雨が小降りになれば試合は行うことになり，小雨が降り続く中二軍チームの試合が行われた。一軍チームはその間，試合前のウォーミングアップなどを行い，二軍に続いて，いよいよ一軍チームの試合が始まった。雨はやむ気配もなく，降り続いている。選手たちも試合が始まる前からずぶ濡れになっている。僕たちを含めたスタッフもポンチョで雨を凌いではいるが，靴はすでに歩くたびにクチュクチュと音を立てている。

　僕たち GAT インターンシップ生は，タイムアウト時やサイドラインでの給水係を任せられた。僕たちにとっては人生で初めてのサイドラインでのアスレティックトレーニング経験だった。フットボールのルールも分からない僕たちは，雨が降り続く中，サイドラインをウォーターボトル6本を一度に運ぶことができる「シックスパック*」を片手に，行ったり来たり走りつづけた。雨と汗と泥にまみれた選手たちにウォーターボトルを手渡し，空っぽになったウォーターボトルは，サイドライン後方のロングテーブルに設置された2つの40リットルタンクで再び満タンにした。何度ウォーターボトルの水を補充しただろう。僕たちも雨と汗でずぶ濡れのボロ雑巾のようになりながら走った。

　試合が終わると，ロッカールームでは選手たちがヘルメットとショルダーパッドだけを大きなバッグに詰め，僕たちはウォータータンクとサイドラインキット*を片付け，来た時と同じようにスクールバスに乗り込んで帰路についた。残念ながら二軍戦も一

＊シックスパック　　ウォーターボトル6本を手軽に持つことのできる手提げ。缶飲料6本を "six pack rings" でまとめて販売することが語源。

＊サイドラインキット　　練習中試合中問わず，アスレティックトレーナーが常に持ち運ぶ応急処置などを行う備品を運ぶ救急バッグ。一般的にはテープ，サポーター，バンテージなどの他，コンタクトレンズや選手が常用している医薬品などを常備している。また各選手の緊急連絡先や脳震盪評価表なども携行する。

軍戦も負けてしまい，帰りのバスでは選手たちも口数は少なかった。

　バスが学校近くまで帰ってくると，後ろの席に座っていたカズが耳打ちをするように「この連中，臭ぇな」と無神経に言った言葉を，「そうか？」と軽くいなした。汗にまみれて戦った男たちの匂いは決していい匂いだとは思わない。それでも，雨の中，必死に身体をぶつけ合い戦った選手に「臭い」なんて言葉は，決して言いたくなかった。わざと不機嫌な顔をしながら，僕はどれだけチームに貢献できたか，また失敗していないか，初めてのサイドライン経験を振り返っていた。ふと隣を見ると，マサは口を大きく開けて眠っていた。

　午後 9 時過ぎ，僕たちを乗せたスクールバスが学校に帰ってきても，まだ終わりではない。大きな怪我はなかったので，試合会場では特に処置するようなことはなかったけれど，これから選手たちがシャワーを浴びて，試合後のトリートメントにやってくる。それまでの短い時間，皆で手分けしてウォータータンクなどをきれいに拭いて，片付けた。何人かの選手は肘や膝，足首にアイスバッグ（氷嚢）を巻いただけで帰って行ったが，最後に背は高いけれど痩せた選手が左手の中指をチェックしてもらっていた。スーパーバイザーは中指の先を軽く弾いた後，指先を掴んで手首方向に押し込んでいた。骨折ではないことを告げられると，選手の顔がホッと安心した表情に変わった。小さめのアイスバッグを掌側と甲側にグルグル巻きにしてアスレティックトレーニングルームを出て行き，僕たちも帰路についた。

自分を変えていく本場アメリカでの体験

　1 週間もすれば英語の聞き取りもできるようになってきたし，キャンパス内外の施設もわかってきたので，僕たちはもっと積極的に行動できるようになった。日本のお米が恋しくなって，キャンパス近くの日本食スーパーマーケットのお弁当を毎日のように食べた。

　土曜日，みんなでバスを乗り継いでダイヤモンドヘッドというクレーターが美しく残っている死火山のハイキングに出かけた。その後，カズとマサは巨大なショッピングモールへ，ユウキと僕はハワイでここだけは行っておきたい場所「ワイキキビーチ」にやってきた。このビーチには日本人観光客も多くいるので，時々耳にする日本語に妙な懐かしさを感じた。それでもユウキとは何をするわけでもなく，ビーチの木陰でただゆっくりとした時間を，昨日までの怒涛の 1 日を忘れるかのように過ごした。「We need a rest like this.　Studying and learning all day long for a week, and doing nothing at a beach on a weekend. This is what we desperately needed.」とユウキ。僕は「Are you talking about burnout syndrome of athletes?」と，アスレティックトレーニングで覚えた用語を使って，ユウキを少しからかった。1週間前には自己紹介で自分の言いたいことを英語で表現できなかった僕たちが，英語だけで1週間を過ごしている。インターンシップ初日にみんなで決めた「インターンシップが終わるまでは日本語は話さない」約束は，もう約束ではなく，僕たちの日常になっていた。そうして2人で1週間の成長を振り返っているところに，両手に買い物袋を下げたカズとマサと合流した。この2人もまた英語で会話していることが日常になっているのだと思うと，英語の上達は環境だけでなく，自分たちの意識の持ち方次第なんだ，と気づいた。大学に入学してから1年半，無駄にしたかもしれないけれど，今こうして'それ'に気づけたことは幸運だったのかもしれない。

日曜日には再びインターンシップで起きた怪我の復習や，月曜日の予習，そしてインターンシップ最終日のプレゼンテーションの準備など，いつもと変わりない日常を過ごし，翌日の早朝練習に向けて早めに就寝した。2週目ともなると，オアフ大のアメリカンフットボール部の練習準備も手慣れたもので，オアフ大の学生アスレティックトレーナーとも仲良くなり，2人組になって色々な経験をすることができている。

この頃にはフットボールの練習準備も任されるようになってきた。緊急用の氷が詰まったアイスクーラーを6つ，40リットルの水タンクを8つ，シックスパックを学生トレーナーとGATインターンシップ学生の8名分（ウォーターボトル48本），スパインボード，松葉杖，応急処置用品やテーピングなどが整頓されたサイドラインキットなど，アスレティックトレーナーがフットボールの練習に必要なモノは数多くある。これらすべてを長い荷台のついた電気自動車で5分ほど離れた練習フィールドまで運ぶことも僕たちの日常となりつつあった。皆フレンドリーという言葉以上に，いろいろ助けてくれた。言葉の壁はまだ高いけれど「人にやさしくする」ことは単なる同情ではなく，相手に安心感・満足感を与えられることなんじゃないかと思えた。そして僕も彼らのように躊躇せず手を差し伸べられる人間になりたいと思った。

その日の午前中のプラクティカムの講義では，オアフ大のアスレティックトレーニング教育プログラムの1年生4人が僕たちのスパインボード実技にボランティアで参加した。頸椎・脊椎・頭部損傷が疑われる場合の処置として，中枢神経へのダメージを最小限にするために，受傷者の身体を固定する処置がとられる。僕が目指しているアスレティックトレーナーは，CPRの実施やAEDの使用だけでなく，選手の人生を守る非常に責任の重い職業だと考えさせられた。

　講義後半では，アメリカ人学生 1 名が頸椎を負傷した選手役として，僕たち GAT プログラム生は 1 人ずつ頭頸部固定を担当する指示役を担当し，ヘルメットとショルダーパッドを外し，頸椎カラー*の装着，スパインボードへの身体の固定など，脊椎の動きを最小限にしながら救急搬送するためのスキルを何度も練習するため，「Lift on the count of three, lift the athlete until I say 'stop.' Ready？ One, two, three, lift. Stop and slide the spine board now.　Lower on the count of three. Ready？ One, two, three, lower.」など指示のセリフも覚えた。

　リーダーの指示で全ての手順が進むため，リーダーが的確な指示が出すことができずにマゴつくと，現場が混乱するだけでなく，受傷者にダメージを与えかねない。リーダーはとても重要なポジションだ。正直，最も緊張したのがこの実習だった。「最初はだれもが初心者だし，失敗してもいいよ。フィードバックをもらって，そこからまた成長すればいいんだし。誰かリーダー役をやりたい人はいる？」とミユキ先生が僕たちに聞いた。その時僕は「チャレンジしたい」気持ちと「チャレンジしたくない」気持ちの間で揺れていた。すると，いつも奥手なマサがサッと手を挙げた。今まで決して積極的に何かをするタイプではないマサが手を挙げたことは，僕にとってショックだった。僕たち 4 人のインターンシップ生の中で，カズがリーダー，ユユキがリーダー補佐，そしてマサと僕はフォロワーと，なんとなく役割が決まっていたので，このスパインボード実習でもいつもの順番でカズが手を挙げると思っていたからだ。そしてこの積極性が僕たちのコミュニケーション力に影響しているのか，英語力もカズとユユキが一歩抜きんでていた。マサと僕はというと，彼らほど積極的に話しかけられず，悔しい思いをしていた。そんな彼の変化を目の当たりにし，未だ「変われない」僕は悔しい思いを噛みしめていた。

　複雑な思いの中，マサをリーダー役として実技が始まった。マサは緊張した表情で，床に倒れている受傷者の頭頸部を両手で固定し，僕たちにスパインボーディングの位置に着くように指示を出した。僕たち 7 人は彼の指示通りに素早く位置に着いたところで，アメリカ人学生から「マサ，どれくらい彼を持ち上げるの？」と質問が飛んだ。マサには聞こえなかったのか，もう一度「Hey, Masa！ How high do we lift him？」と聞かれると，マサの顔がみるみる真っ赤になった。3 秒か 5 秒，沈黙が続くと，ミユキ先生が「それはリーダーから指示があるから，指示を待つべきよ」と，マサの指示に従うように言った。しかしマサは蝋人形のように黙ったまま 5 秒，いや

＊**頸椎カラー**　　C（Cervical）カラーとも呼ばれる頸部（首）を固定サポートするための器具。頚部受傷の可能性がある場合は，頸椎カラーを装着し，頸部の固定を行う。

10秒は過ぎただろうか。ミユキ先生の注意もあったので，僕たちはじっとマサの指示を待っている。カズは待ちきれなかったのか，「大丈夫か？　俺が変わろうか？」とマサに申し出た。それでもマサは真っ赤な顔をしたまま，蝋人形のように黙っている。

　遂にミユキ先生が「大丈夫よ，マサ。先にカズにやってもらって，気持ちを整理してから，もう一度チャレンジしましょう」と言うと，力なく「Thank you.」と返事をした。マサは力なく立ち上がり，大きなため息をついた。すると先ほど持ち上げる高さについて質問をした学生が太い腕をマサの肩に組み，胸を指しながら「マサ大丈夫だよ。俺も初めての時は同じように緊張したし，パニックになったよ。しかもそれは教室での練習でな。マサと同じ経験をしたんだ。大事なのは冷静かつ強い気持ちだよ」と最後にウィンクをしてマサをフォローした。

　なんとなく微妙な雰囲気が漂う中，僕は「俺が変わろうか？」と言っていたカズを制して，思い切って「次，僕がトライしていいですか？」と名乗り出た。カズとユユキの表情が「え!?　マサだけじゃなく，お前も!?」という表情に見えたが，この際少しワガママになってもいいだろうと心を強く持って「次，僕がいきます」と言い直した。当然といえば，当然。意外といえば，意外にもみんな口々に「definitely !」，「Absolutely yes.」，あるいは「why not ?」や「Sure !」などと言ってくれたことで，肩が軽くなった。「肩が軽くなった」は単なる言葉の表現ではなく，本当に肩が軽くなったように感じた。

　インターンシップでは毎朝アスレティックトレーニング見学においてアメリカ人学生と交流する機会も多いけれど，僕は様々な面でアメリカ人学生との間に目に見えない「バリア」が張られているというか，まだ何かアメリカ文化に飛び込めていない感覚があった。もしかすると，それは遠慮と呼ばれるのかもしれないし，想いやりと呼ばれるのかもしれない。他の人にとっては他愛もないことだと思うけれど，僕にとってリーダーへ立候補したこのたった一言で‘バリア’が取り払われ，小鳥がケージから放たれたかの如く，どこまでも羽を広げられる感覚にさせてくれた。

　そのあと，僕たちはリーダー役を交代しながら何度も何度もスパインボードの練習を繰り返した。インターンシップ生4人は，1回目のチャレンジでよかった点や修正できる点など，互いに多くのフィードバックを繰り返し，2回3回と練習を繰り返すと，技術だけでなくチームメンバーに指示を出すリーダー役としても自信をもってスパインボードを行えるようになり，成長を実感することができた。

　続いて，ボランティアで参加してくれた学生の授業も見学させてもらうことができた。ミユキ先生が教壇に立ち，物理療法について説明している最中でも，学生から

次々に手が上がる。

「今のところわからなかったので，もう一度説明してください」や「アイスバッグは直接皮膚に当ててもいいですよね。ではどうして（化学反応させる）冷却パックは使っちゃいけないんですか？」など，矢継ぎ早に質問が繰り返される。ミユキ先生が答えるより早く，他の学生が「その答えなら192ページのコラムに書いてあるよ」など，学生が積極的に参加するオアフ大学での授業は，松岡先生がいつも口酸っぱく言っている言葉を思い出させた。松岡先生が言う「授業後にコッソリと質問してきても，答えへんで。自分が疑問に思ってることは，他の学生も同じように思ってるかもしれへん。だから疑問はクラスの中で共有されてこそ価値があるねん。自分 1 人だけ得しようなんて思ったらアカン。クラスメイトを助ける気持ちで，積極的に授業に参加してや」という言葉は，この雰囲気を僕たち GAT プログラム生に期待してたんじゃないか。実際に学生が次々に手を挙げて質問する姿を見るまでは，正直想像できていなかった。失敗することや間違えることが恰好悪いと思っていた自分は，知るチャンスをみすみす逃していたのかもしれない。

「最初はみんな初心者。初心者だから失敗もする。解らないから解るために質問する。知らないから知るために勉強する」という考え方は，とてもシンプルだ。授業内容は半分以上わからなかったけれど，この授業から得たことは教科書には絶対に書いていない，価値のあるものだった。

　その後のランチの時間にも，ユウキが「まさかマサが手を挙げるとは思ってなかったよ。今まで自分から手を挙げて発言するとかもなかったのに，どうしたの？」とマサに聞いた。「今まで何をするにも自信がなくて，手を挙げるなんてできひんかってん。そやけど，ミユキ先生が『最初は誰もが初心者やし，失敗してもいいで』って言うてくれたやん？　間違うことを恐れてた自分はこのままじゃいつまでたっても初心者のまま成長できひん。変わらなアカンって思って……」とマサが答えた。僕は敢えて言うことはしなかったけど，マサも「僕と同じ悩みをずっと抱えてたんだ。変わらなアカンと思ってたんや」と思うと，自分よりも先に一歩を踏み出したマサを「先輩」としてちょっと尊敬した。僕もこのインターンシップが終わった時に，「タケシ，この 2 週間で変わったなぁ」と褒めてもらえるくらい，成長できるように行動しようと心に誓った。

　 2 週目に訪問している私立パシフィック高校と公立プレジデント高校では，予算規模や選手のレベルも大きく違った。アスレティックトレーニングルームの規模，フィールドやスタンドの規模もパシフィック高校の方が格段に整っていた。それでも

GATプログラムガイダンスで聞いた、「アスレティックトレーナーはどんなスポーツでも対応でき、特定のスポーツの専門家ではなく、複数の競技を掛け持ちする」ことで、選手の健康を守る「考え方」は、この2校では全く同じだった。それでも「大学と高校のスポーツでは、選手の生理学的な成長ステージが異なるため、同じ競技でも負荷の加わり方に違いがあり、怪我の様相が異なるんだ」と、パシフィック高校ヘッドアスレティックトレーナーのフレデリック・スペンサーさんが教えてくれたことは非常に興味深かった。

　また、アスレティックトレーナーによって選手への接し方もまた異なるけれど、すべてのアスレティックトレーナーに共通していたのは、怪我をした選手や体調の悪い選手は常にアスレティックトレーナーに相談していたこと、そしてアスレティックトレーナーは的確な判断を下した後、逐一コーチに報告をしていたことだった。高校でも大学でもコーチ陣は選手の健康状態について、いつもアスレティックトレーナーに状態を聞いていた姿を見ると、アスレティックトレーナーの責任の重大さとやりがいを一層感じられた。

　このコーチとアスレティックトレーナーの関係は、日本のそれとはまったく異なり、それぞれの強み・専門性を活かして、スポーツをサポートしている。何よりもアスレティックトレーナーが1つのチームの専属ではなく、学校に雇用されて全てのチームの選手のケアを担当していたことは、アスレティックトレーナーの汎用性の高さが理解されているアメリカならではだと思う。

立命館大学スポーツ強化センター創設とアスレティックトレーナーの雇用

　立命館大学では1980年代より「総合スポーツ政策」と銘打って「競技力の向上」のみならず、「人間的諸能力の向上」を通じた人材育成を目指して、専任トレーナー制度などを含むスポーツの高度化を図ってきました。1990年代に入ると、びわこ・くさつキャンパス開学に合わせて、すり鉢型陸上競技場（クインススタジアム）、第1～3グラウンド、BKCジム、アスリートジムなど体育会スポーツ活動を支援するためのスポーツ施設が次々に設置されました。また同時期に提言された「新総合スポーツ政策」により、日本初の課外スポーツ活動の支援に特化した専門部署「スポーツ強化センター」をびわこ・くさつキャンパス、ユニオンスクエア内に設置しました。

　1998年のスポーツ強化センターの設置に伴って、スポーツ傷害などのメディ

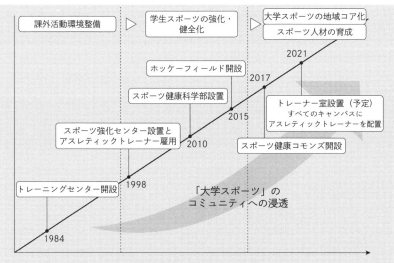

課外活動環境整備 ▷ 学生スポーツの強化・健全化 ▷ 大学スポーツの地域コア化 スポーツ人材の育成

2021

ホッケーフィールド開設 2017

スポーツ健康科学部設置

2015

トレーナー室設置（予定）すべてのキャンパスにアスレティックトレーナーを配置

スポーツ強化センター設置とアスレティックトレーナー雇用 2010

スポーツ健康コモンズ開設

トレーニングセンター開設 1998

「大学スポーツ」のコミュニティへの浸透

1984

立命館におけるスポーツ政策

カル部門の強化を担う専任アスレティックトレーナー（ATC）を1名雇用し，アメリカンフットボール部を主として，ラグビー他すべてのクラブ活動へのスポーツ安全対策支援を開始しました。2000年，コンディショニング部門の強化を担うストレングス＆コンディショニングコーチを1名雇用し，スポーツにおける安全対策から競技力向上へと一貫したサポート体制を確立させました。2003年にはアメリカンフットボール同様に傷害リスクの高いラグビー部において専任アスレティックトレーナー（ATC）とストレングス＆コンディショニングコーチの2名の雇用に加えて，衣笠キャンパスでもサッカー部を主に担当するストレングス＆コンディショニングコーチを雇用しました。その後，2006年に女子陸上長距離パートにアスレティックトレーナー（ATC）を，2011年にストレングス＆コンディショニングコーチを女子柔道部に，2016年には大阪いばらきキャンパスに移転したホッケー部にストレングス＆コンディショニングコーチをフルタイム雇用し，さらなる学内スポーツ活動の安全と競技力向上を図っています。現在は，アスレティックトレーナーやストレングス＆コンディショニングコーチが担当クラブに常駐して，スポーツ活動をサポートしています。

　スポーツ強化センターでは，今後びわこ・くさつキャンパス，衣笠キャンパス，大阪いばらきキャンパスそれぞれにアスレティックトレーナーを配置することで，特定のスポーツクラブのみへのサポートから全ての学生アスリートへ

のサポート体制へと変革を目指しています。

（岡松　秀房）

♣アスレティックトレーナーの現場より
日本で初めての大学雇用アスレティックトレーナーとしての21年間

東　伸介

元立命館大学アメリカンフットボール部アスレティックトレーナー

　1995年に ATC を取得してからの3年間，日本でアスレティックトレーナーとしての仕事ができなかった中，たまたま立命館大学に声をかけてもらい，1998年から，アメリカの大学のように，全ての体育会クラブのケアをする，日本の大学雇用として初の日本人 BOC 公認アスレティックトレーナーとなりました。1人でアメリカンフットボール，ラグビー，陸上をメインで担当し，それ以外でもテニス，バスケットボール，チアリーディングなど BKC（びわこ・くさつキャンパス）で活動を行う全てのアスリートを見ることは大変でした。

　まず手をつけたのは，それぞれのグラウンド・チームにおける Emergency Action Plan（緊急時対応計画）の作成をしました。アメリカンフットボールとラグビーのグラウンド，陸上競技場，バスケットボールなどの体育館で行う部活のもの数種類を作成し，各部の学生トレーナーに渡して指導しました。

　アスレティックトレーナーがどんな仕事をするのかは，ほとんど誰も知らない中で，重点強化クラブだったアメリカンフットボールとラグビーの練習と試合は可能な限り参加しました。リハビリ室に常駐し，毎回練習グラウンドに立つことを念頭に置いて仕事をしました。アメリカンフットボールに関してはアメリカ人コーチが2人いたお陰で，選手が怪我をすると彼らが「You should see Shin.（アスレティックトレーナーに見てもらって）」と指示を出してくれました。それによって練習参加の可否をアスレティックトレーナーが判断するアメリカと同じ流れができました。

　また，Trainer＝Taping という考えが選手や学生トレーナーにあったので，練習前のテーピングや学生トレーナーにテーピング指導をすることで，アスレティックトレーナーの仕事の一部を理解してもらえたように思います。

　最初の10年間は，怪我が特に起きやすい実践的なチーム練習以外の時間は室内で

リハビリの指導を行っていました。学生トレーナーには，選手と一緒に私のアスレティックリハビリテーション（通称アスリハ）の説明をして，実技指導の見学体験をしてもらい，アスレティックトレーナーの仕事の1つであるアスリハを勉強してもらいました。選手には将来アスレティックトレーナーがいなくなっても自分でリハビリができるように，注意点などを説明し，やっている最中も「この動きが悪いから，こうしてみよう」と個別に対応していました。

東伸介氏

　ラグビーとアメリカンフットボールが同じ時間帯に練習をしている時は，2チームの練習グラウンドの真ん中に立ち，前を向いたり後ろを向いたりしながら練習を監視していました。

　アメリカンフットボール部にもラグビー部にも私より前に各部が雇ったトレーナーが週何日か来ていたので，彼らの邪魔をしないように，彼らから要求されたリハビリやテーピングなどの仕事をやるようにしていました。当時のシステムを無理には壊さず，その中で自分の仕事やシステムを徐々に確立していきました。

　我々アスレティックトレーナーは，「勝つため」という前提のために，コーチに無理強いされて選手の怪我が酷くならないように，両者をうまいこと取り持ちながらギリギリのところで仕事をしていく必要がありました。

　体育会の選手・コーチとの関わりだけでなく，アスレティックトレーナー（ATC）を目指す立命館大学の学生やアラバマ大，ジョージアサザン大学，ペンシルバニア州立大，カリフォルニア州立大など全米各地で ATC 取得を目指す日本人学生インターンの実習の受け入れもしました。彼らの実習を通して，アメリカンフットボール部やラグビー部の学生トレーナーにアメリカでアスレティックトレーナーを目指す学生はどんなことをしているのかを伝えることができました。彼らも後々には，毎年5月，7月頃にアメリカに渡った立命館 OB や OG として夏休みに日本に帰ってきて，同様のことを行ってくれました。私の楽しみの1つでした。

　他にも，ジャパンアスレティックトレーナーズ機構（JATO）のセミナーで東京に来てくれたアメリカ人講師を京都観光に誘い，衣笠キャンパスにも連れてきたりもしました。伊坂忠夫先生やスポーツ強化センターの方々にも話をしてもらい，アス

レティックトレーナーの仕事を理解してもらうように努めました。そのうちの1人であるホープ大学のレイ博士などとは，立命館大学の学生を連れて訪問する仲にもなりました。

　ニューメキシコ大学留学時代にお世話になった私の師匠のところに学生を連れて行ったこともありました。その時は自宅に泊めてくれ，食事代も全て払ってくれ，師匠がヘッドトレーナーであった，一般的に簡単に入れないアメリカ空軍士官学校の中の見学をさせてもらいました。また，男子バスケットボールの試合があった日は練習前にトレーナーの仕事を体験させてくれました。この時に同行した男子学生トレーナーは社会人経験後に留学し，ATCを取得しました。アメリカではアメリカンフットボールの強豪校で数年に渡り経験を積み，現在は日本の某大学アメリカンフットボール部でヘッドアスレティックトレーナーとして活躍しています。

　サンディエゴ州立大学の教授であったムーア博士は毎年兵庫医科大学でPNF*の講習会を行っており，私も縁あって10年以上，彼が亡くなる数年前まで通訳やアシスタントとして参加していました。アメリカ留学を考えている女子学生トレーナーを講習会に参加させると，色々と留学相談に乗ってくれました。彼女は結局ムーア博士の授業を受けたいと彼の大学に留学しアスレティックトレーナーになりました。現在は某日本代表チームのアスレティックトレーナーとして活動しています。

　コミュニケーション能力は選手との信頼関係を築き上げていく上で，アスレティックトレーナーとしては非常に重要です。この時の学生は特に仕事の話だけではなく，恋愛の相談や日常生活の話など色々な話を私とすることで自然とコミュニケーション能力を高めていっていたように感じます。

　本気の私の仕事ぶりを見て，本気の学生たちが実践的経験を積んで，アスレティックトレーナーの仕事を理解し，アメリカで進学した結果，当時スポーツ関係の学部がなかった立命館から6名のアスレティックトレーナー（ATC）が誕生しています。

　インターンシップ最終日の修了プレゼンテーションでは，皆それぞれがトピックを選んでプレゼンテーションを行った。カズは熱中症，ユウキは脳震盪，マサは傷害予防，そして僕は頚椎損傷対応と，それぞれ全く異なる課題なので，皆頼れるのは自分だけだという意識も高く，僕たちはそれぞれ前日の夜遅くまで準備に追われた。

　＊PNF　　Proprioceptive Neuromuscular Facilitation＝固有受容性神経筋促通法。アメリカで誕生した手技の一つ。主にリハビリで用いられる。

　いよいよ修了プレゼンテーションの発表の時間が迫り，僕らはいつものようにロビーで待ち合わせた。僕らの片手にはプレゼンテーション資料が握られていた。プレゼンテーションはいつもの教室ではなく，学部の会議室が用意され，会議室前の受付エリアにはピザとレモネードが用意されていた。

　ゲン先生とミユキ先生もオフィスから姿を現し，「ファイナルプレゼンテーションは軽くランチを取りながら行いましょう」と言うと，カズとユウキは「タダ飯やで，タダ飯。タダ飯はありがたいな〜」などと言いながら早々にピザを頬張っていた。僕にはカズとユウキの「図太さ」が羨ましかった。発表の席には学部長を始め，オアフ大学のアスレティックトレーニングスタッフや学生アスレティックトレーナーと高校のアスレティックトレーナーなど，このインターンシップを支えてくれた関係者が勢揃いしていた。

　学部長の挨拶のあと，ユウキの脳震盪，僕の頸椎損傷対応，マサの傷害予防，カズの熱中症と，ハワイで学んだ内容をそれぞれ英語で発表した。ユウキとカズの発表には聴衆が「うん，そうだそうだ」とうなずく回数も多かった一方，僕とマサの発表での，聴衆の無表情かつ無反応が心をえぐるように刺さった。それでも，2週間のオアフ大でのインターンシップがここに修了した。最後に，「Enlightenment」の意味が込められたククイで作られたハワイ伝統の首飾りがゲン先生とミユキ先生から僕たちの首にかけられ，全てのアカデミックな予定は終了した。その日の午後，僕達はオアフ大の学生アスレティックトレーナーたちと映画やショッピングに繰り出した。みんなで有名ハンバーガーショップの日本では見られないサイズの大きなバーガーにかぶりついた時には，日も落ちてオレンジの街灯が道路を照らしていた。そんな中，僕には忘れられない一言があった。

　スパインボーディング実習の時に手伝ってくれたマイケルが「君たちは今までの日本人とは違ったよ。今まではほとんど英語も話せず，コミュニケーションを取ることはできなかったけれど，広小路大からのこのグループは本当に一緒にいて楽しかったよ。これからもずっと友達でいよう。全米アスレティックトレーナーズ協会（National Athletic Trainers' Association: NATA）のカンファレンス*で，お互いにアスレティックトレーナーとして再会できることを楽しみにしてるよ」と言った。オアフ大の学生にとって，僕たちインターンシップ生は日本から頻繁に来るお客さんの1グループだったのかもしれない。けれど，僕にはこの出会いが一生続くフレンドシップの始まり

＊**カンファレンス**　定期的に開催される大規模な公式会議のこと。科学的かつ学術的な会議などを指す場合，コンベンションと呼ばれることもある。

だとさえ思えた。

　翌土曜日は心待ちにしていたオアフ大フットボール部のホームゲームが開催された。毎朝アスレティックトレーニングルームで，また練習フィールドで顔を合わせた選手たちには興味だけでなく，愛情に似た気持ちが湧いていた。そして僕たちはこの 2 週間でオアフ大フットボールの虜になっていた。

　試合会場であるレインボースタジアムはキャンパス内ではなく，車で15分ほど離れた空港近くに位置していた。 5 万人収容のフットボール専用スタジアムが大学フットボールの試合会場なのは，目玉が飛び出るほど驚いた。「ゲン先生，このスタジアムはいつも満員になるんですか？」と聞くと，ゲン先生も少しバツが悪そうに，「いやぁ，実は満員になることはほとんどないんだよ。ほぼ満員になるのはチームが優勝争いに絡んでる時くらいかなぁ。 1 試合平均 3 万人くらいじゃないかな。個人的には 5 万人規模のスタジアムじゃなくて， 3 万5000人規模のスタジアムにしたら，毎試合観客席が満員でもっと盛り上がる気はしてるんだけどね。いくら観客が多いと言っても，観客席に空席が目立つのであれば，寂しいでしょう。プロ野球でいえば，かつてのパ・リーグがそうだったんだよ」とゲン先生の返答には納得せざるを得ない。

　僕も幼いころに近鉄対オリックスの試合を見に行った時は， 3 塁側の観客席で走り回っていたことを思い出した。それでも，優勝争いしていれば，満員になるのであれば，やはりこの規模の収容人数がいいのかもしれないな。

　僕たちは相談して，少し高めのチケットを購入してから，スタジアムに入場した。スタジアムのコンコースを 1 周グルっと回った後，僕たちは小型バケツのような Lサイズの炭酸飲料とナチョチップスを両手に，オアフ大ベンチ後方のシートに腰を下ろした。マサはスタジアムを回っている途中でオアフ大のグッズに魅せられていたかと思えば，ちゃっかりオアフ大フットボール部の T シャツを買っていた。

　選手たちがウォーミングアップに登場する前から，サイドラインにはウォータータンクやアイスクーラーなどが長いテーブルの上に並べられていた。アスレティックトレーナーたちはすでに試合のセッティングを終えて，アスレティックトレーニングルームは戦場のような忙しさだと想像できた。ベンチ後方のテーブルに置かれた何台もの扇風機がベンチに向かってミスト状の霧を渦のように吹きだしながら回っていた。

　キックオフ 1 時間前，スタジアムを見回してもそれほど観客が入っているわけでもなく，むしろ閑散としていた。スタジアムの規模からすると，少し残念な観客数だった。そんな静かな時間の中，オアフ大の選手達が 1 人また 1 人と，空気で膨らんだ超大型のフットボールヘルメット型ゲートからウォーミングアップに姿を現した。選手

に続いてアスレティックトレーナーの 7 つ道具が収められたファニーパック*を腰の後ろに巻き，ウォーターボトルが収められたシックスパックを片手に持った学生アスレティックトレーナーたちも続々とエンドゾーン後方からフィールドに散って行った。

　彼らはサイドライン後方に座っている僕たちの姿を見つけると，遠くから手を振ってくれたので，僕たちは立ち上がり，着ているポロシャツを大きく引き延ばすように見せつけ，オアフ大の応援を約束した。

　選手たちは昨日までの練習用ジャージではなく，試合用ユニフォームに身を包み，一層迫力が増している。学生たちも昨日までの姿とは違い，全員揃いのポロシャツに身を包み，プロのアスレティックトレーナーのように立派に見えた。数日前まで目の前にいた選手たちが，映画のスクリーンの中で戦うヒーローのように思えるほど，観客席とフィールドの間には，今は越えられない壁があるのだと思うと，早くアスレティックトレーナーになりたいと思った。
「観客席からの景色とフィールドから見上げる観客席は，きっと違うんやろうな。いつか僕も大歓声に包まれる大きなスタジアムをフィールドから見上げてみたいな」そう思いながら，ウォーミングアップを見ていた。

　やがて選手やコーチたちはエンドゾーン後方の「フットボールヘルメット型のゲート」の奥へと消えて行った。続いて学生アスレティックトレーナーたちも，同じ「ゲート」へと消えて行き，チアリーダーとカメラマン，そしてイベント関係者のみをフィールドに残し，テンポのよいロック調の音楽だけがスタジアムに響いていた。

　フィールドから人の気配が消え，ふと後ろを振り返ると，先ほどまでガラガラだった観客席はオアフ大のカラーに身を包んだ観客たちによって埋め尽くされていた。右手遠方には異常に盛り上がっている集団が一塊いたけれど，その他の観客は比較的静かに試合開始を待っているようだった。

　試合開始15分前，100人以上はいると思われるマーチングバンドが両サイドラインに向き合って整列した。MC の紹介と同時にドラムラインの演奏が始まり，マーチングバンド全体が動き始めると，管楽器の大音量がスタジアム全体を包み込んだ。バトンを空中高く放り投げながら，高速で回転させるバトントワラーを中心に，ドラムラインと管楽器メンバーがくっついては離れ，離れてはまた一体となり，1 つのアメーバ組織のように形を変えながら演奏を続ける両端には，カラーガードが大きな旗を振り回し激しく踊っている。大きな楽器を担いだマーチングバンドがフィールド全体に

＊ファニーパック　　腰回りに付けるバッグのこと。練習中試合中問わず，アスレティックトレーナーが常に携帯しているファニーパックは簡易版サイドラインキットである。

広がったと思えば，今度はフィールド中心にギュッと集まり，一体となったまま左右に移動を繰り返す。マーチングバンドの目まぐるしい動きに目を奪われていると，いつの間にかサイドラインではチアリーダーがダンスを踊っている。僕が生まれて初めて目にするマーチングバンドの組織的な動きに見とれているうちに，スタジアムは徐々に盛り上がっていた。

　その後もマーチングバンドとチアリーダーたちはフィールド内を滑るように移動し，先ほど選手たちが消えて行ったヘルメット型ゲートを囲むように並ぶと，スタジアムのボルテージは一気に上昇した。スタジアムのスクリーンに，全身にポリネシアの伝統的なペイントを施し，相手を威嚇するように大きく長い舌を出したオアフ大学のマスコットが映し出されると，選手たちが雪崩のようにフィールドに流れ込んできた。「ウォォォ！」と地響きのような歓声と共に，指笛のような甲高い歓声が長く続いた。ミユキ先生がインターンシップの初日に言っていた，「フットボールゲームを見ればわかるわ」が何を意味していたのか，少しわかった気がする。スタジアムに足を運ぶこと，ホームチームを応援すること，スタジアムが一体となること，再び体験したくなる中毒性がアメリカの大学スポーツなのかもしれない。この全身に鳥肌が立つ迫力と一体感がアメリカの大学スポーツなのだと目を丸くした僕は，アスレティックトレーナーとして大歓声に包まれるフィールドに立ちたいと思った。

3回生

　アスレティックトレーニングの学びが一気に花開いた2年目が終わる頃，GATプログラムは大きく揺らぐことになる。入学当初より一緒に学び，たくさんの時をともに過ごしたカズとユウキがGATプログラムを去ることとなった。この2人の進路変更について，半年ほど前から僕たちにも相談はあったが，最終的な決断は本人と彼らの家族に任せていた。

　カズは高校までサッカーを続けていて，大学でもサッカーサークルで活躍していた。入学当初からサッカーに関わって仕事がしたい希望を持っていたが，昨夏からオランダのプロサッカークラブで活躍している理学療法士に自身でコンタクトを取り，彼はアメリカでアスレティックトレーナーになるのではなく，オランダでサッカーに特化した理学療法士になりたいとの想いを募らせていた。

　ユウキについては，金銭面でサポートをしてくれている家族からの希望もあり，アスレティックトレーナーになるために最もコストのかからない方法を探していた。こ

の頃，アメリカでは全てのアスレティックトレーニング教育プログラムは学部レベル
から大学院レベルに移行することが決まっていた。学部でアスレティックトレーニ
ングを学ぶと，卒業後に大学院に進学した際，Graduate Assistant Athletic Trainer
（アスレティックトレーナーとして経験しながら大学院で学べる制度）として 2 年余りの経験
を積むことができる。来年夏の編入を逃すと，学部でアスレティックトレーニングを
学ぶことができなくなるかもしれないので，修士号を取るまでのコストを考えて，退
学しようか GAT プログラムを続けようか迷っている。こんな相談をそれぞれから受
けていた。

　3 月の最終週，いよいよ 3 年目の GAT プログラムを迎えようとしていた時，松岡
先生から緊急 GAT プログラムミーティングの招集がかかった。

「何事か？」と思いながら，GAT プログラム専用教室に入ると，カズ，ユウキ，マ
サそして松岡先生がすでに席についていたが，表情はいつもと変わらない雰囲気だっ
た。松岡先生がおもむろに口を開いた。

「ごめんな，突然呼び出すような形で集まってもらって。えー，今日はみんなで共有
しなアカン情報があって，集まってもらってん」

　たいてい松岡先生が「共有する情報」は，学内の申し込みなどに関する制度的な内
容か，あるいは TOEFL の受験に関する新しい情報のどちらかだ。僕は「あぁ，
TOEFL のスコアがもう少しなんやけど，今年の秋までにスコアを取らないと，マジ
で留学できひんやん」と発破をかけられるのではないか，と覚悟していた。

　カズとユウキが顔を見合わせたあと，「じゃあ，俺から先に行く」とユウキ。「みん
な，そんなシリアスな顔しなくてもいいよ。話はちょっとシリアスかもしれないけ
ど」と困った顔をして続けた。

「みんなに相談してたことだけど，俺の親や松岡先生とも相談して，広小路大を辞め
て留学することにしました。学校の退学手続きはまだだから，これからも何回か学校
に来るし。アスレティックトレーナーになるっていう夢を叶えるための留学なので，
前向きに考えた結果です」と，晴々した表情でユウキは伝えた。

　隣で聞いていたカズは，いつも以上に「うんうん」とうなづく回数も多く，僕はカ
ズも重大な報告があるんだと感じていた。

「じゃあ，次はカズ」と松岡先生。

「今日は忙しい中，集まってくれて，みんなありがとう」と急にかしこまったカズは，
「俺はユウキみたいに辞めへんで，言っとくけど」と釘を刺すように言った。

「学校は辞めへん。けど，GAT プログラムの活動は辞めようと思います。理由は

前々から相談してた通り，広小路大学を卒業後，オランダでサッカーに特化した理学療法士を目指すために留学しようと決めてん。だから英語じゃなくて，これからはオランダ語を自分で勉強する時間が必要やねん。今年の夏にはオランダに語学留学に行くことも親から了承を得てん。ユウキにも言ったんやけど，将来スポーツに関わる医療人としてみんなで集まれたら，めっちゃ面白いと思わへん？　まぁその時はお前らがオランダに来いよ」と，カズらしく，GAT プログラムを去る報告がされた。つづいて松岡先生がフォローした。

「去年，みんなが辞めていく学生について，どうして引き留めへんのか，質問に来たやろ？　覚えてる？　あの時の俺の返答を覚えてたら，今回の 2 人の決断について，僕は嬉しいと思ってる。'明確な目標をもって GAT プログラムから去っていくなら，僕は全力で応援する'って言ったやん？　GAT プログラムがあったからこそ，それぞれ道を見つけることができたと思ってる。その意味では，GAT プログラムは彼らの人生を左右するかもしれない決定に大きな役割を果たすことができたと思うし，こんなに嬉しいことはない。引き留める理由はない。応援する理由しかない。今，この場にいる 4 人がそれぞれの道に進んだ先に同業者として再会できたら，カズが言ったように，めっちゃオモロいと思うねん。彼らに何か質問ある？」そう言って，松岡先生は 2 人の「転出」を「イヤで辞めていく後ろ向きな離脱」ではなく「目標に向かって新しい一歩を踏み出す前向きな出発」と考えて，応援しようというニュアンスだった。

　僕は松岡先生の言っていることに賛成だ。またユウキとカズの決断も反対することもしない，むしろ応援したい気持ちだ。それでも，GAT プログラムが10人近かったグループが 2 人になってしまうことへの不安が拭えなかった。

「カズとユウキへの質問じゃなくて松岡先生への質問ですけどいいですか？　GAT プログラムは 2 人になったら，どうなるんですか？」と，GAT プログラムが 2 人だけになっても今までと変わりなくサポートしてくれるのか，尋ねた。この不安が拭い去れない限り，おそらく僕は 2 人の門出を心より喜ぶことができないと思った。

「俺がアメリカから帰ってきた理由は 2 つ。アスレティックトレーナーになりたい学生をサポートすること。そしてより質の高いアスレティックトレーナーに成長できるよう，サポートすること。この信念は GAT プログラム生が 2 人だとしても，5 人だとしても，10人だとしても，全く変わらへんで。もちろん，去っていく 2 人の応援もするし，残る 2 人のサポートも変わらず続ける。この今後の GAT プログラムについて，他に質問は？」と，松岡先生の真剣な眼差しは，彼の決意の表れだと思い，胸を

なでおろした。

　GAT プログラムを続けるためには，いやアスレティックトレーナーになるには 2 つの要素が必要だ。1 つはアスレティックトレーニングへの情熱，そして 2 つ目は目標を成し遂げようとする強い意志。幸いにも，僕はアスレティックトレーニングが面白くてたまらない。アスレティックトレーナーになるためには，アメリカの大学院に入学しなくてはならない。ただし卒業後に留学すると，おそらく入学までに半年あるいは，1 年必要だ。したがって，卒業までに 3 年かかると考える。大学に入学してから最短で 7 年の時間が必要になる。一方，GAT プログラムを通じてアスレティックトレーナーを目指すと，広小路大学で学部 3 年＋アメリカの大学院 2 年と 5 年余りでアスレティックトレーナーになれる。この 2 年の学費は決して安くはない。学費だけではない，生活費も必要になる。だから僕は自分自身のためにも，サポートしてくれる家族のためにも，GAT プログラムを通じてアスレティックトレーナーを目指している。今，目の前に立ちはだかる目標は大学院留学に必要な TOEFL の基準スコア（83点）をクリアすることだ。

　ここで，僕の TOEFL のスコア変遷について軽く振り返っておこう。1 回生の時，初めて受験した TOEFL では45点に満たなかった。けれど，1 年後には60点を超えた。1 年間で15点以上伸びて，このまま順調にスコアが伸びれば，3 回生の今頃は85点くらい超えているものと思っていたけれど，そんなに順調に得点が伸びるものではなかった。2 回生の春学期の英語での授業を受けた後には70点を超えることができた。夏休み中のオアフ大でのインターンシップ後には75点を突破。この時点でマサは80点を超えていた。

　GAT プログラムの仲間でもあり，お互いにいい刺激を与え合う仲間として，マサのスコアは目標ではないし，マサと競争しているわけではなかったけれど，いつもマサには及ばず悔しい思いをしていた。目標としている83点まであとわずかというところで，僕たちの TOEFL スコアの伸びは頭打ちになり，2 回生の秋学期には，お互いほとんどスコアが変わらなくなってしまっていた。GAT プログラムを通じてアスレティックトレーニング留学するためには，TOEFL の基準（East Stroudsburg University: 83点，Spalding University: 80点）をクリアすることが必要だ。3 回生の僕は TOEFL 基準スコアをクリアするための強い意志が試される年だった。

　3 回生春学期は「スポーツ生理学とその応用」，秋学期には「解剖学」と，2 つの授業が昨年に引き続き英語で開講された。受講には最低英語力が設定されており，

GAT プログラムに残ったマサと僕の 2 名に加えて，昨年同様卒業後にアメリカ留学を計画している 2 名の 4 回生の計 4 名が TOEFL61 点の基準をクリアして，それらのクラスを履修することができた。

　春学期の授業はスポーツ生理学を基本として，多くのコンディショニングトレーニングやレジスタンストレーニング実習が含まれていた。授業中に身体を動かすことができたが，実習中も英語での「指示」が出されることも多く，TOEFL や受験英語で習わない活きた英語の言い回しを覚える必要があった。

　松岡先生は「コンディショニングトレーニングも，リハビリテーションも受傷組織の治癒過程など，スポーツ傷害特有の考慮する要素はあるけれど，生理学的には同じ考え方でアプローチができるで。なので，この授業はアメリカでの Therapeutic Exercise や Rehabilitation Exercise と言われるクラスの助けとなるだけでなく，一般的なレジスタンストレーニングやコンディショニングトレーニングの基礎となる重要な内容やから，実技ばかりじゃなく，今まで通りしっかり予習をしておいでや」と昨年と同様に予習をしっかりして，授業の準備をしておかないと，痛い目にあうぞ，と僕らに忠告した。

　実は僕にとってこの忠告はグサっと胸に刺さる思いだった。3 回生のスケジュールは 2 回生の時よりもさらに忙しくなるからだ。3 回生では専門科目が増えることで課題も多くなる上に，卒業論文につながる専門演習（ゼミ），GAT プログラムで課されるアスレティックトレーニング実習，そしてインド料理店でのアルバイトなどに加えて，松岡先生のクラスの予習・復習。そしてもう 1 つ毎日のスケジュールに追加しなければならない予定が TOEFL 対策だ。

　この過密スケジュールをタイムマネジメントできなければ，留学をしてもきっと苦労するだろうと思い，僕は毎日のスケジュールを To Do リストに書き出した。その中でも毎日続けたいことは TOEFL 対策と松岡先生の授業（特に予習）。必ず行わなければならない専門科目の授業とアスレティックトレーニング実習は時間の融通が利かないので，スケジュールの軸とした。

　僕は集中力が長時間続かないので，授業課題の時間は毎日 1 時間と決めた。TOEFL はセクション別（Reading, Listening, Speaking, Writing）に授業前に 1 時間，帰宅後に 2 時間と合計 3 時間。具体的に参考書のページまで書き込んだ。そして松岡先生の授業の予習・復習は時間ではなく，読み切るセクションを決めた。

　そして僕のタイムマネジメントの特徴は土曜日から日曜日の午前中は何も予定を入れないことだ。この時間は，スケジュール通りに進まない課題やタスクを追いつく時

間として活用したり，ここで何もしなくていいように，平日に課題やタスクを終わら
せるようにした。昨年までは予定を詰め込みすぎたことで，全てのタスクが中途半端
に終わり，立てた予定がスケジュール通りに進まなかったが，余裕を持たせてスケジ
ュールを立てることで，春学期を通して生産性が飛躍的に向上したと感じた。

　事実，全ての授業を問題なくパスした上，7 月の TOEFL では78点，夏休み明け
には80点，11月には目標としていた83点を突破した。12月の TOEFL では最終的に
85点を記録し，劇的な変化はなかったけれど，半年間を通して順調な伸びを記録する
ことができたのは，計画的なスケジュール管理によるものだと確信している。

　僕の 3 年目は，幸運にもアスレティックトレーナー留学へ一歩進めた年だった。マ
サは多忙のため TOEFL 対策ができなかったのか，3 年目は70点台後半のスコアば
かりだったが，特に焦った様子も見せなかった。彼が 1 年間通して力を注いでいたの
は，女子陸上部長距離を担当しているアスレティックトレーナー（ATC）の下で行う
アスレティックトレーニング実習だったようで，ほぼ毎日実習に出かけていた。

　この僕たち 2 人の生活リズムの違いが，3 年目の僕たちの中に小さな亀裂をもたら
すこととなった。East Stroudsburg University（ESU）に留学するための TOEFL
スコアが足りていない僕は，4 月当初から兎にも角にも計画通りに過ごすことに賭け
た。TOEFL スコアが足りなければ，GAT プログラムを通じたアスレティックトレー
ニング留学は不可能なのは，松岡先生からは何度も忠告を受けていた。僕は焦って
いたのだ。

　マサはそんな僕を見かねたのか，ただの無神経だったのか，「タケシ，お前最近心
に余裕ないやろ〜。顔がいっつもしかめっ面して，焦ってるんやろ。TOEFL の勉強
なんて，何とかなるって。俺な，最近のアスレティックトレーニング実習，めちゃめ
ちゃ面白くなってきたで。この間も監督さんから『今度の大会には手伝いに来てくれ
るんか？』って声かけられたわ。やっぱり毎日顔を出して，顔と名前を覚えてもらわ
んとアカンな」と言ったことがある。

　僕にはマサの発言を受け流す余裕がなかった。「お前，何が言いたいねん。遊ぶ時
間も減らして TOEFL の勉強してるのが，悪いんか!?　毎日アスレティックトレーニ
ング実習に顔出して，監督にも話しかけられて，お前は凄いな。まぁ俺は俺のペース
でやるし，お前はお前のペースで行ったらいいんちゃう？」と，もう僕のことは放っ
ておいてくれという意味を含んだ言葉を返してから，マサとはなんとなく距離を置い
ていた。

「距離を置いていた」というのは，優しい言い方かもしれない。僕が TOEFL の基

準点をクリアするまでは，無神経な言葉を受け流すことはできないと思っていたので，マサとは必要な言葉以外交わさないようにした。

　松岡先生も僕の態度の変化には気づいたようで，「最近のタケシの態度は，異様に映るんやけど，マサと何があったんや。個人的な話やし，言いたくない話やったら，俺は聞かへん。もし何か考えてることがあって，心に詰っかえてる感じがあるなら，俺でよかったら話してみるか？」と，話を聞いてくれた。

　マサにはこのことは決して話さないと約束をした後，松岡先生は「TOEFL の点を取れれば，きっと心に余裕ができて，態度も変わるで。TOEFL の点が取れるまではタケシも焦ってるやろうし，無理して仲良くしろとも思わない。83点，それが誰も巻き込まずに 2 人の関係を解決する答えやな。もし，『もうアカン』っていう気持ちになりそうなら，僕のところにおいで。特効薬があるから」と，アドバイスをしてくれた。最後の「特効薬」は少し気になったけれど，とにかく TOEFL の基準をクリアすることに集中した半年だった。

　僕が83点にこだわるのは，理由がある。GAT プログラムを通じてアスレティックトレーニング留学する理由はシンプルだ。入学からアスレティックトレーナーになるには，通常 6 〜 7 年かかる。それが GAT プログラムを通じて留学すれば，5 年余りに短縮される。さらに，ESU の学費は Spalding University（SU）や他の大学院と比較しても安い。経済的に裕福ではない家庭なので，時間の面からもコストの面からも TOEFL83 点をクリアすることが絶対に必要だった。この背景もあって，マサの言葉があまりにも無神経に思えた。

　新年が明け，秋学期も 3 週間を残すばかり。「解剖学」の授業も佳境を迎えつつあり，卒業論文の提出まではあと半年余り。その頃には，もうお互い以前のような仲に戻っていた。松岡先生が言ったとおり，僕が TOEFL の基準スコアをクリアすると，僕たちの仲は自然に修復され，何事もなかったかのように元の生き残りの絆で結ばれていた。マサの無神経さもあったかもしれないが，僕自身の心に彼の発言を許容できるだけの余裕がなかったのだ。

　GAT プログラムを通して固い絆で結ばれた友は，それぞれ違った道を選ぶことになった。僕は ESU 大学院へ，一方マサは SU 大学院への進学を希望していた。

「GAT プログラムの生き残りとして，タケシはペンシルバニア州で，僕はケンタッキー州で，大学院に行っても学会とかカンファレンスで再会できたら感動的ちゃう？アスレティックトレーナーとして向かい側のサイドラインで再会できたら，もっと感動的やろなぁ」

なんて冗談を言いながら，解剖学の筋肉スケッチの課題に取り組んだ。

寒さが一段と厳しくなった 1 月末に秋学期試験日程がすべて終了し，大学は春休み期間に入った。ESU のアスレティックトレーニングプログラムでは TOEFL スコアに加えて，大学院に入学するために必要な論理的思考力，分析力，語彙力などを測る Graduate Record Examination（GRE）スコアの提出が義務付けられている。このテストに関しては合格最低点も示されておらず，スコア提出が目的なので，これで合否が決まるわけではない。おかげであまり緊張もせず受験をした。

ところが，大学院レベルの勉強ができるかどうかを測るテストなので，数学は高校の基礎レベルだった一方，英語（リーディング・語彙力）セクションは散々な結果だった。散々という表現では生ぬるいかもしれない程，惨憺たる結果だった。

「GRE の英語セクションなんて，アメリカ人でも苦労してるで。日本人なら数学セクションは簡単な一方，英語のセクションなんて……。そういうことで，俺も散々やったわ」

松岡先生は慰めというのか，同情の言葉をかけてくれたけれど，これで大学院に入学しても大丈夫なのか，少し不安な気持ちにもなるほどの結果だった。あまりにも出来の悪い GRE スコアを提出することに不安もあったが，この GRE をもって，大学院留学に必要なテストはすべてコンプリートした。ここからは，いよいよ出願書類の準備に取り掛かる。

秋学期の成績が発表されるのは 3 月下旬。しかし，僕の志望する ESU 大学院も，マサの志望する SU 大学院のどちらも 3 月 1 日の願書締め切りには間に合わないため，両プログラムには GAT プログラムを通じて，成績以外の願書を受け付けてもらえるように配慮されている。通常の願書提出では成績証明書の提出がなければ，書類不備として処理されてしまうため，GAT プログラムのこの取り計らいにより大学院入学が可能となっている。その他願書提出には銀行の「残高証明書 / あるいは保護者の収入証明書」や「予防接種証明書」，「推薦状 3 通」など，多くの書類を準備しなければならない。これらの証明書はアスレティックトレーニング留学だけでなく，アメリカに留学する場合，必ず準備しなければならない書類だ。

銀行から発行される「残高証明書や保護者の収入証明書」は「卒業まで経済的援助の責任が果たせる証明」であり，アメリカ国内で収入のない留学生が経済的理由で退学にならないために提出が義務付けられている。留学生は学内においてのみ，週20時間まではアルバイトが認められているが，基本的にはアメリカ国内において，経済活動（就労）は一切認められておらず，収入が得られない。つまり経済的援助がなけれ

ば，留学生は卒業ができない。またアメリカでは大学の卒業率（正確には retention rate＝学生が退学せず卒業する率）が評価の１つとされており，卒業の見込みのない学生を入学させることはない。したがって，この経済支援の証明は非常に大事な書類だと理解した。僕は父親の会社にお願いして，所得証明書の英語翻訳版を用意してもらい，それを大学に提出した。

　マサはというと，２年分の授業料，寮費，食費，雑費などを含めた金額が親の銀行口座に預金として存在することを証明する残高証明書のみの受付だったようで，残高証明書と親の保証書を提出したようだ。一度社会に出て留学資金を貯めるのでなければ，親のサポートなしでは決して留学なんてできない，と強く思った。

　このアメリカでの留学生の経済活動について，興味本位で松岡先生に尋ねたことがあった。「ネットなんかでは，留学先でその町の日本料理店なんかで（裏で）皿洗いしたとか結構聞くんですけど，ああいうのってホントにやってる人いっぱいいるんですか？　バレなかったらうれしい臨時収入ですよね」と聞くと，松岡先生の表情がみるみる険しくなった。

「バレなければやっていいと思うのか？　バレへんかったら，やんのか？　アスレティックトレーナーはアスリートに対する一種の教育者やと理解できてるよな？　スポーツという最低限守らなければならないルールの中で仕事をする教育者が，選手や保護者，コーチに教育・指導する立場のアスレティックトレーナーがルールを破ることは絶対にやったらアカン。まぁ絶対という言葉は言い過ぎやな。社会の利益のためにやむを得ない場合があるかもしれへん。でも自分だけの利益のためにルールを破るのはよくないな。分別のできない子どもが『誰も来ない時は，赤信号でも渡っていいんやで』という親の姿を見たら……。今のタケシは，その子どもと同じやな」と，嫌悪感に満ちた表情で言った。

　続けて，「ただ実際は学校のプログラムを通して，留学生が合法的にレストランなんかで働く場合もあるで。ただ，その場合は皿洗いじゃなく，専攻している科目に直接関係のある仕事，例えば料理担当とかサーバーとか，やけどな」と，あくまで合法的な例があることも説明してくれた。

　僕はほんの軽い気持ちで，少し興味があって聞いただけなのに，ここまで説明されると，正直面倒に思う。

「教育者たるアスレティックトレーナーは最低限社会のルールは守れる人間でなきゃならない，と一言で説明してくれれば解るよ，僕だってガキじゃないし」と不満に思いつつも，松岡先生の言葉を聞いていなければ，もしかすると「みんなやってるし」

という気持ちになっていたかもしれない。

　所得証明書以外にも，留学には多くの書類の準備が必要だ。逮捕歴や幼児虐待歴，FBIによる犯罪歴がない証明書などいくつかの書類はアメリカに渡ってから提出すればよいことになったが，ワクチン接種は予想以上に大変だった。いくつかのワクチン接種は大きな総合病院でないと受けられなかったため，学内の保健センターの他，いくつかの医療機関をハシゴする必要があった。アメリカに留学する人はみんな同じようにワクチン接種を受けているんだと思うけれど，もっと時間に余裕をもって予防接種を受け始めれば遠くまで通う必要はなかったと，少し後悔した。

　MMR（Measles：麻疹，Mumps：おたふく風邪，Rubella：風疹）といわれるワクチン接種などは1回の接種で完了したが，B型肝炎ワクチンだけは3回に渡って接種する必要があり，渡米に間に合うかギリギリのタイミングだった。B型肝炎ワクチンは1回目と2回目の予防接種には1カ月の，2回目と3回目の予防接種には2カ月の間隔を空けなければならず，接種完了まで最低3カ月を要した。この予防接種を通じて，日本とアメリカの予防接種の考え方も違うことも学ぶことができたので，何事も経験して学ぶことは多いんだと思った。

「日本人はBCGワクチン接種を受けているので，結核菌に対する免疫を持ってしまっている。したがって，他の国で実施している結核菌検査で陽性と判定されることが多く，胸部レントゲン検査を受けることで非感染を証明する必要があるかもしれませんよ」と，お医者さんに教えてもらった。なるほど，ワクチン（病原性の弱いウィルス）を接種することで，他の国では違った判定になってしまうのか。

「残高証明書，あるいは保護者の収入証明書」と「ワクチン予防接種証明書」に続いて，自分1人の力では作成できない書類が「推薦状」だった。しかも3通の推薦状が必要だ。松岡先生には「ただ誰でも良いわけではなく，タケシの様々な面を知っている3人に推薦状を書いてもらった方がいいで。ただし，推薦状にはタケシの良い面も悪い面も両方正直に書いてくれる，信頼できる人が理想や」と，厳しい条件が付けられた。

　1人目は僕の大学でのアカデミックな面を知るゼミ担当の先生。2人目は高校時代を知るバスケットボール部顧問の先生。そして3人目はGATプログラムでお世話になったアスレティックトレーナーの方。アルバイト先のインド人店長にもお願いしようと思ったけれど，上の3人が僕の役割や性格，行動など多くの面を知ってくれていると思い，その3人に推薦状をお願いすることにした。

　ありがたいことに，英語の得意でないバスケットボール部顧問の先生は同僚の英語

の先生に翻訳をしてもらって推薦状を書いてくださった。大学教授ともなると，英語での推薦状は慣れたもので，全く問題なく書いていただけたので，お願いするだけで呆気なく完了した。ただアスレティックトレーナーの方は忙しい合間を縫って推薦状を書いてくれていたようだったが，オンライン願書の提出完了欄にいつまでたっても「提出済」のマークがされず，僕から何度か催促をする羽目になった。それでも推薦状を書いてくださったアスレティックトレーナーの方には，本当に感謝している。

　SU に留学するマサの場合も，推薦状を書いてくれる先生が締め切り間近になっても提出していなかったので，僕と同じく何度か催促するハメになったらしい。推薦状を書いてくれる人の条件に，「期限までに推薦状を書いてくれる方」と加えておく必要があると思った。

　話は少し逸れるが，松岡先生から GAT プログラムでは希望者が全員アメリカの大学院に留学できるわけではないことを何度も聞いた。

　松岡先生は「もし僕がタケシを『とても優秀で，アスレティックトレーニングに情熱を持った学生です』と推薦したとしよう。でも，実際はそうじゃなかったら，提携先の大学院は GAT プログラムを続けたいと思うかな？　GAT プログラム生には人としての成熟も大切なんやで」と言ったことがあった。

　留学準備をしている今だからこそ，その意味が分かった。アスレティックトレーニングプログラムは，国家試験（Board of Certification: BOC）の合格率を公表することが義務付けられている。この合格率がプログラム評価の 1 つとされ，合格率が基準を下回ると，プログラムが廃止されることもある。したがって，アスレティックトレーニングプログラムは BOC に合格する見込みのある「質の高い」学生のみを受け入れる政策を取らざるを得ない。その選抜評価で取り入れられているのが，Grade Point Average（GPA）や基礎科目および専門科目の成績である。

　かつて松岡先生はこうも言っていた。「TOEFL の英語力と GPA などの成績だけでなく，人間力のある人材が求められているんやで。アスレティックトレーナーにとって最も必要な力は人間としての魅力。これは対人コミュニケーション力や自身の行動力，また他人の感情を理解する共感力など人と関わっていく仕事において必要な資質やと思う。いくら成績が良くても，いくら英語が話せても，いくら様々な資格を持っていても，人間としての魅力がなければ，周囲にいい影響を与えられへんやろ？　僕はかつて知識の塊みたいな日本人アスレティックトレーナーに出会ったことがある。だけど，彼は事ある毎に文句ばかり言って，周りの人と上手く働くことができひんかった。知識や技術はあったけど，一緒に働きたいとは思わへんかったわ。GAT プロ

グラムを通じて，学生の人間としての魅力も評価していく。なぜか？　質の高い学生を求めてるアメリカの大学院，それに対してアスレティックトレーナーとして成功するであろう学生を留学させることが GAT プログラムの責任やから」

　つまり，マサも僕も願書の申し込みを認められたということは，少なくとも松岡先生のお目に適って，僕らは BOC に合格する見込みのある，人間力のある人物ということなんだと思うと，「他人に認められた」満足感で満たされた。

　願書に含まれるカバーレター*やエッセイでは，僕自身がどういう人物で，どれほど大学院で学ぶ意欲にあふれているか，アスレティックトレーナーになった先に何がしたいのかなど，僕自身を売り込むためにも，満たされた想いを一気に書き下ろした。松岡先生には何度か添削をしてもらったあと提出をし，オンラインアプリケーション（入学願書・申請書）のページの全ての必要書類に「提出済」のチェックが入った。

4 回生

　桜前線が日本列島を北上し始めた 3 月末，昨秋学期の成績が発表され，キャンパス内が新入生でごった返す 4 月上旬にはオフィシャルな成績証明書が滞りなく East Stroudsburg University（ESU）大学院課へ郵送で提出された。ESU アスレティックトレーニングプログラムへの入学基準も，広小路大学スポーツ健康科学部の留学基準もすべて満たした。願書書類もすべてオンラインで提出して，あとは合格発表を待つのみとなった。ここで僕は皮算用を始めた。
「今日は 4 月10日，提出した成績証明書は15日くらいには到着し，確認されればすぐに合格の連絡が来るだろう。郵送されてきても春の大型連休までには合格通知が受けとれるな」と期待していた。

　過去何度も大学院入学オフィスのチャールズ（チャーリー）・ビーバーさんとは E-mail をやり取りしていたので，彼とは会ったことはなかったが，僕の質問にはいつも丁寧に返信をしてくれる「仕事が早い人」という印象を持っていた。僕は勝手に彼の姿を想像していた。チャーリーはきっと大柄で，無精ひげを蓄えていて，仕事の時は薄いブルーのワイシャツを着てサスペンダーして……と，どこかの映画で見たことのあるような姿を想像していた。

　＊カバーレター　　自分のコンタクト情報や担当者の情報に加えて，担当者の方に履歴書に興味を持って読んでもらうために，自分がどれだけその仕事に適しているか・関心があるか・過去の実績があるかなどをアピールをするための添え状。

　予想していた通り，18日に彼からE-mailが届いた。そこには「合格通知を日本に郵送したけど，念のためPDFでも送ります。郵送された合格通知には，必要事項を書き入れて返送してください」と書かれていたので，留学に関係するタスクはひとまず落ち着いたと安心して合格通知の到着を待つことにした。

　この時期に落ち着いた時間があることは，4回生の僕にとっては非常に有難かった。3回生時より，（4回生の7月から留学するために）他の学生よりも速いペースで卒業論文の作成に取り組んできたが，留学関係のタスクが落ち着いたことで，卒業論文の作成に集中的に取り組める時間ができたからだ。

　合格通知が日本に郵送されるまでは1週間ほどだと思っていたが，1週間が経った25日，郵便受けはまだ空っぽ。その時点では「そういうこともあるんやなぁ。大型連休までには到着するかな」と，意にも介さなかった。

　入学以来，これほど時間がゆっくり流れたことはなかった。友人たちは就職活動でリクルートスーツに身を包む中，僕は短パンにTシャツ姿。進路も決まって一安心。卒業論文作成の締め切りまではあと2カ月。忙しくしていると，時間というものはあっという間に過ぎ，さらに1週間が経って，世間では春の大型連休が始まっていた。しかし，合格通知は未だに届かないままだった。

　連休中の郵便配達は休配されるが，国際郵便は休まずに配送されるので，連休でゆっくり出かけるどころではなかった。そもそも特に出かける用事もなく，卒業論文を進める予定だったが，かなり不安になってきた。それでも，チャーリーからのE-mailを信じて，「丁寧にもPDFでスキャンしてくれてるんだから，間違いはない。郵送先の住所も確認した。あとは郵送されてきた原本を待つだけや」と強く思いつつも，留学までの日程を逆算すると，さすがにもうこれ以上悠長に待ってはいられない。留学前に学生ビザの面接を受けなければならないが，そのビザ面接には留学先からの書類が必要となるので，郵便物を何度も太平洋横断させなければならないのだ。

　松岡先生にも相談した。「合格通知を郵送するって連絡があってから，全然届かないんですよ。もう3週間も経つんですけど，連絡した方がいいですかね？」と尋ねると，片方の眉毛を大きく傾けながら，鼻から抜けるような「はぁ〜⁉　今すぐ，ここでE-mailで連絡を取らなアカン！　アメリカ人は週末とかはさむと色々時間かかることもあるし。もうこの時期（5月中旬）は大学が夏休みに入るから，長期のバケーション取ったりする人もおるし，急いだほうがいいわ！」と一喝された。

　早速チャーリーに連絡を取ると，「あれ？　合格通知は17日に日本の住所に向けて発送したけど，まだ受け取ってないの？　返信が来ないから，変だなって思ってたと

ころです。こちらで追跡してみますので，追って連絡します」との返事がすぐに返ってきた。

「え？　これ，冗談抜きで大事な書類が行方不明になってるやん。こういう書類って行方不明になったらどうなるん？」誰かに文句を言いたかったので，報告も兼ねて親にも相談をすると，「ははは，そりゃ早く気づいて連絡をした方がよかったな。今できることは全部やったんやろ？　やることやってなかったら，お父さんも残念に思うけど，今は大学院からの回答を待つしかないな。一応心配やし，経過を教えてくれよ」と，分かってはいたけれど，やはり「大学院からの回答を待て」との真っ当なアドバイスだった。

悠長に待っていた自分自身に腹が立ちつつ，留学できるかどうかの不安も募り，なかなか寝付けずにいた。枕元のスマートフォンでメールをチェックするたびに，「果報は寝て待て，っていうやん。寝よ」と自分に言い聞かせるが，そのたびに焦って寝られない。「寝ようと思えば思うほど，焦って寝ることができない悪循環やん」と自分に苛立っていた記憶はあるが，目が覚めるとカーテンの隙間から日が差していた。

すぐさま枕元のスマートフォンを手探りで探し当て，大学院からのメールを確認した。

「神様，お願いします！」と，こんなところで神様へ願掛けをしてから，いざメールチェックすると，「YES！メールが来てる！」。早速読んでみると，「セントルイスまでは追跡できましたが，そこから追跡不可能になっているようです。問い合わせても，U. S. ポスタルサービス（アメリカの郵便公社）ではわからない，の一点張りで解決にならないので，本日新しい合格通知を発送します」とのことだった。本当に行方不明だったのかという驚きと，迅速な再送付という対応の良さに心が震えた。

早速父親に連絡をして，松岡先生にも報告して，合格通知行方不明事件（連絡しなければ，合格取り消しの可能性）に終止符が打たれたが，やはり実際に合格通知が手元に届くまでは安心できなかった。

5日後には合格通知が届き，「I accept the offer of admission for the semester and graduate degree program as listed above（Program: Master of Science Athletic Training, Semester: Summer）」にチェック，そしてサインをしてすぐに返送した。これで入学が決まれば，East Stroudsburg University 大学院から「I-20」という書類が届くことになっている。この I-20 には East Stroudsburg University 大学院のアスレティックトレーニングプログラムが僕の就学を承認したことを証明することが記され，専攻・コース，就学期間，教育機関など，僕の学生としてのステータスがすべ

て記録されている大事な書類。つまり，この書類がないと学生ビザ（F-1ビザ）の申請手続きができないほど重要な書類なので，合格通知の返信とI-20の郵送でまた行方不明にならないか……僕にはどうすることもできないことだけど，I-20の入った封筒が届くまでは，卒業論文が手につかないほど気が気でなかった。

　6月の初旬，待ちに待ったアメリカンサイズの封筒が届いた。早速開封し，I-20を手に取ってみると，

「…………なんや，ただの紙やん……」確かに重要な書類だとは聞いていたが，特別なラッピングがされているわけでもなく，僕の中で期待が膨らみすぎていたのか，少々がっかりした。

　しかし，'たかが紙切れ，されど紙切れ'というレベルの紙ではなく，アメリカという国が僕の身分を保証するビザ発給に必要な，絶対に失くしてはならない非常に重要な「紙切れ」なのだ。渡米までの時間が1カ月を切っているので，すぐにでもビザの面接を受けなければならない。ビザの発給までには2〜3週間かかると言われているので，もし何かの不備，あるいは何かの事態が起こってビザが下りないとなった場合……とんでもなく悪いことが起こるのだろう。

　5月と6月はこれからアメリカに留学しようとしている多くの日本人学生が大挙して面接に訪れるので，予約がかなり埋まっていた。最も早いビザ面接の日付は6月20日。25日には卒業論文の口頭試問があり，30日にはアパートの退去。6月後半の目の回る忙しさは4月下旬の穏やかな日々があったことさえ忘れてしまうほどであった。

　後から知ったのだが，在日米国大使館・領事館のウェブサイトには「学校登録日までの期間が1カ月を切ってもI-20が届いていない場合は，I-20なしで面接を受けていただいて結構です。フォーム（I-20）は届き次第，大使館または領事館へ直接郵送してください」と記されていた。渡米予定は7月10日なので，やはりビザ面接の予定としては，最後のタイミングだったと思う。

　6月20日午前6時，いよいよビザ面接当日。緊張しているのか，目覚まし時計が鳴る前に目が覚めた。このまま二度寝をしてしまうと，寝過ごしてしまいそうだったので，布団から這うように出てカーテンを開けると，昨日から雨が渋々降り続いている。

　テーブルの上には「7時45分南草津」と書いた紙が置いてある。滋賀県に住んでいる僕のビザ面接は大阪にある駐大阪・神戸米国総領事館で行われる。面接予約時間は9時なので，「面接に何とか間に合う電車の時刻が7時45分」という僕自身へのメモ書きだったが，あまりにも早く目が覚めてしまった。いつもより早く目が覚めたせいで，ちょっと調子が狂いそうだ。

　ビザ面接について，松岡先生からは厳しい忠告を受けていたので，ふざけた格好はできないと思い，チノパンにポロシャツという小綺麗な姿で出かけた。

「アメリカに留学した後，そのままアメリカで‘働きたい’とは絶対に言ったらアカンで。学生ビザの意味をよく考えて，アメリカで学んだアスレティックトレーニングを日本に持ち帰って，より安全なスポーツ環境の整備に努めたいです，みたいな回答した方がいいで。間違えても，アメリカで働きたいなんて言ったら，アメリカ人の雇用を奪いたいです，って言ってるようなもんや」と，本当はアメリカで働きたいと思っていても，絶対に言ってはいけない禁句を思い出しながら，僕は朝のラッシュで込み合う電車に揺られていた。

　JR 大阪駅は人でごった返していて，地下鉄の案内板を見ていると，思わず人にぶつかりそうになる。JR 大阪駅から溢れ出た人込みは阪急梅田駅と阪神梅田駅からの人込みと合流し，駐大阪・神戸米国総領事館までは急流下りのように，ただ人の流れに身を任せて歩いた。

　領事館入り口には青地に 2 本の白いストライプが入った警察の人員護送車が駐車されており，複数の防刃チョッキを着た警察官が 3 人辺りを警戒している。

「これってテロ警備？　それにしては軽微なテロ警備……」そんなダジャレを思いついた自分自身を鼻で笑いながら，アメリカ合衆国大使館入り口にはめ込まれている鷲の紋をくぐって建物の中に足を踏み入れた。

　中に入ると，「携帯電話等持ち込み禁止」のサインに従い電源を切ったスマートフォンを所定のカゴに入れ，必要書類の入ったファイルを取り出したリュックサックを預けた。さすが国の出先機関となれば，これくらいの警備は必要なのだろう。でも僕は何もやましいことはないし，ビザ面接に来ただけ。もしも，不審な動きをすれば取り押さえられるのだろうか。

　建物周辺の軽微な警備に反して，やはり建物に入るにはそれなりの警備がされていた。空港で設置されているような大型の金属探知機ゲートを少しドキドキしながらくぐると，突然けたたましくブザーが鳴り響いた。

「俺？　俺のブザー!?　まじかよ～。時計も外してるし，靴も脱いでるやん。何に反応してるん？　他の人の不憫な視線も痛いやん」そんなことを考えながら，全身を布団たたきのような金属探知機でスキャンされると，おへその下あたりで耳障りな警告音が鳴った。小さなベルトのバックルが反応しているようだったので，ベルトのバックルをチェックされると，すぐに入場口を通過することができた。

　ビザ面接フロアでは，たった 4 人ほどの列の最後尾に並んだ。何度も何度もファイ

ルの中の書類を確認した。緊張をほぐすために顔を上げて大きく深呼吸をした。面接ブースで30歳くらいの男性が身振り手振り，何やら説明を続けている。面接フロアには彼の声だけが響き続け，遂には僕の順番になった。

　面接官と挨拶を交わした後，クリアファイルからパスポートやI-20を含めたすべての書類を提出した後，留学について尋ねられた。

「What are the reasons for you coming to study in the United States？ How long are you planning to stay in the United States？ Why don't you want to study in your home country？ Are you planning to study a Ph. D. in the US after having completed your master's degree？」と，アカデミックな内容は想定内だった。

　そこから質問のレベルも上がって「Who is paying for your education？ Are any of your brothers and sisters living in the United State, or do you have any other relatives who live in the United States？」と，いよいよ間違えて答えると面倒なことになりそうな問題が続いた。そして遂に待ちに待った質問が飛んできた。

「Once you have finished your studies, do you plan to stay in the United States to work？」と，松岡先生に忠告されていた通りの質問に舞い上がって「No, ma'am.」と，他の質問以上に大きな声が出てしまった。

　少し大きな声が出てしまって恥ずかしく思っていると，面接官が微笑みながら「ミスター・キヌガサ，ビザが許可されました。パスポートは2週間以内に郵送されます。Have a nice day」と，「あ……え？　これが審査なの？　アナタが許可してくれるん？」と呆気にとられるほど短い時間で面接は終わった。

「Thank you very much.」と声をかけて帰ろうとした時，視界の端には身振り手振りの男性が見えた。彼はまだ一生懸命何かを説明しているようだった。あまりジロジロ見ないようにしたが，アメリカに渡ろうとしている「同志」として，気にせずにはいられなかった。審査が通った嬉しさ，思っていたよりも呆気なく終わった面接への驚き，そして隣で身振り手振りを交えて一生懸命ビザを取得しようとしていた男性への同情が入り混じった複雑な想いを胸に，階下に向かうエレベーターに乗り込んだ。

　預けていたリュックサックとスマートフォンを受け取り，再びオフィスビルが立ち並ぶ通りに出ると，押し流されるように移動していた人の流れはなく，代わりに無言の車の列が一方向に流れていた。それだけではない。アメリカに留学できるかどうかわからない漠然とした不安と共に領事館に入った僕が，再び通りに姿を現した時には，

アメリカ留学がオフィシャルに許可され，アスレティックトレーナーになる夢を叶えられる希望と（留学できる）自信に満ち溢れていた。どことなく通りのオフィスビル群も 1 時間前より低く思えた。JR 大阪駅までの道のりさえ，来た時よりも近く思えた。

　6 月下旬には一人暮らしをしていたアパートを引き払い，卒業論文を提出した僕は 7 月 10 日の渡米までの間，精神的にも経済的にも応援し続けてくれた家族と三重県の実家でゆっくり過ごすことにした。

　昼間は心理カウンセラーの父も高校教師の母も，高校生の弟も誰もいない実家で，自分の部屋を片付けることにした。本棚から卒業アルバムや修学旅行の写真を取り出し「長らく会っていない旧友は何をしているのだろうか」「僕がアメリカに留学するなんて誰が想像していただろう」など考えていると，片づけが全くはかどらない。しかし，片づけがはかどらなくても，それでもいいと思った。僕の部屋を片付けてしまうと，僕が帰って来られる場所がなくなりそうで，別に片付かなくてもいいと思った。

　梅雨の長雨と梅雨明けの日差しに疲れるのは人間だけで，窓の外から見える裏の畑には好機とばかりに雑草が高く生い茂っている。この時期にはいつも父が甲高いエンジン音を響かせながら草を刈っていたのを思い出す。僕は今まで，父親が草刈り機を担いで山に入って行く姿を見送っているばかりだった。

「僕だって草刈りくらいできる。お父さんに頼ってばかりじゃない一人前の男や」というのを家族に知らせたいと思い，納屋に立てかけてあった草刈機で裏の畑の雑草を刈ることを思いついた。

　リコイルスターターのロープを勢いよく引っ張ると，甲高いエンジン音が響き渡り，ガソリンとオイルを混ぜた混合ガソリン特有の香りが辺り一面に漂った。

　雑草を「刈ってあげる」というお手伝い風の気持ちよりも，「父親と肩を並べたい」という認められたい思いで，一心に草刈機を左右に振り続けた。使い方を間違えると，指や脚を骨折，あるいは切断する危険なツールだ。危険を冒してでも，僕が父と同じ力量があると家族に認めてもらいたかった。また，僕が日本を離れている間に，高校 2 年生の弟に抜かれたくもなかった。部屋の片づけから逃げるための言い訳じゃなく，危険を冒してでもアメリカに発つ前にやっておきたかった。

　母親が料理の支度を始めた。父親はソファに腰を掛けテレビを見ている。僕は草刈機を納屋に戻し，少し草の香りを漂わせながら父の横顔を見た。

「僕はいつまでも，いつまでたってもお父さんの子や。やけど，もう子どもじゃないし一人前の男として認めてくれてもいいんちゃうか」と，心の中で父に何度も訴えた。

　母親が父親に言った。「お父さん，裏の畑からナス2本とオクラ5，6本採ってき
てくれません？」

　窓の外は7月の長い陽に照らされ，まだ明るかった。僕の心の中は俄かに沸き立ち，
畑から帰ってきた時の言葉が待ち遠しくなった。ガラガラガラと玄関の戸が開くと同
時に父が言った。

「だから，緑臭かったんか。なんか草の匂いがすると思ってたんや。今週末に刈ろう
と思ってたから，ちょうどよかったわ。ありがとうな」と上機嫌に僕の頭をポンと叩
いた。続けて父は「ところで，最後はちゃんと混合ガソリン抜いたか？」と聞いた時，
心臓から血液が一気に頭まで押し出されて，顔面がカーッと熱くなった後，血の気が
サーッと引いて，脈打つ音が聞こえた。

「ごめん！　刈ったことに満足をしてしもて，混合ガソリン抜きを忘れてしもたわ。
すぐに抜いてくるわ」と駆け足で納屋に向かった。

　暗くなった納屋の中，電気をつけて混合ガソリンを抜く作業をしていると，無言で
父が入り口に仁王立ちになっている。父の視線が怖かった。できるだけ父の方向を見
ないように，気づいていないフリをして混合ガソリンをタンクに戻し続けた。そして
初めて父に気づいたフリをして軽く謝ると，父から「そのままエンジンかけな」との
指示，いや口調は命令だった。

「いや，もう混合ガソリン抜いたし，エンジンはかからへんやろ」と言い返すと，
「やってみれば，分かる。準備して使うのは子どもでもできる。使った後に片付ける
のは確かに面倒や。その面倒な片付けごとができてこそ大人や。でもな，一人前の大
人っていうのはな，自分だけじゃなく他の人のことも考えて行動できる大人や。今の
状況で言えば，草刈機を俺とお前で共有するやろ？　お前が使い終わったら，俺が使
いやすいように元通りに整頓しとく，俺が使い終わったら，お前がいつでも使えるよ
うに，また使いやすいように片付ける。社会っていうのは知らん奴ら同士で『共通
の』ルールがあるやろ。他人のことを考えて行動してこそ一人前の大人や。よう覚え
とけよ」

　父の言葉がやっと終わり，一時の静けさの中で勢いよくエンジンをかけた僕は，何
か違和感を感じていた。父の言葉の中に父ではない誰かがいるような違和感。エンジ
ン音が響き続ける納屋から出ると，太陽は遠くに見える山の向こうに半分沈んでいた。
「混合ガソリン抜いたのに，なんでエンジンかかったん？　なんでエンジンがかかる
ってわかったん？」素朴な疑問を父に聞いた。

「エンジンの中に残ってる混合ガソリンを最後まで燃やし尽くさんと，エンジンの中

で固着して不調になるんや。だから毎回使い終わったら，こうして最後にエンジンを
かけてやらなアカンねん。これで，次から草刈りはお前に頼めるな」と嬉しそうに肩
を組んできた姿はやはり父だった。

　田舎に住んでいれば，大人であれば草刈機の扱いなんて誰でもできること。いや草
刈りは大人が行うことだと思っていた。誰でもできることができなかったというより
も，やろうとすら思ってこなかった自分。今日，近所の大人たちと同じことができた
僕は，大人への階段を一段上がった気分で，胸を張ってよい自信に溢れた。

　排気ガスが充満しエンジン音が鳴り響く納屋で感じた違和感。それはきっと，父の
言葉が「息子」に向けてではなく「1 人の大人」に向けて発せられたからではないか。
その違和感は，僕自身が「息子」ではなく「1 人の大人」だったからなのかもしれな
い。少なくとも僕はそう思いたかった。「父の息子」ではなく，初めて「1 人の大人」
として聞いてみると，今まで晩酌をしている父の言葉に納得できなかったことも，少
し素直に聞くことができた。

第 3 章　アメリカの大学院への留学

留学生活開始

　日本を経ったのは 7 月10日夕刻。11時間のフライトの先に降り立ったのは西海岸のロサンゼルス。入国審査の列には多くの観光客風の日本人も多かった。ハワイでのインターンシップでのカズのトラブルを知っている僕は，根拠なく入国審査のベテランのような自信がみなぎっていた。

　学生ビザを見せると審査官が大学に関していくつか質問したのみで，すぐに入国審査を通過できた。預けていた荷物をピックアップした後，税関も難なく通過し，再び預け荷物をチェックイン。まさに入国のベテランのようにすべてが順調に進んだ。

　ロサンゼルスを発ちシャーロット空港（ノースカロライナ州）に飛行機が到着したのは夕焼けに包まれた時刻だった。

　ロスを出てから窓の眼下にはロサンゼルスのビル群，すぐに不毛の荒野が広がり，大きな渓谷群を抜けると，起伏の激しい山岳地帯，そしてどこまでも続くかのような緑に包まれた穀倉地帯を見下ろしながら天井の太陽がみるみる傾いていく。再び山岳地帯を抜けると，目の前には夕日，そして眼下には一定の距離で街灯が輝く街の光は，若いアメリカの歴史を象徴しているようだった。

　夕焼けの中，飛行機を降り立った僕の旅はまだ終わらない。午後10時発リーハイバレー行きの飛行機がシャーロット空港を離陸した時には，あたりはすっかり暗闇に包まれていた。計画的に作られた街の街灯は，その姿を宝石が散りばめられた絨毯のように変えていた。いつの間にか眠りについていた僕が目的地に着いたのは真夜中12時前だった。予約していた空港近くのホテルに着くなり，僕は泥のように眠りについた。

　翌朝，ホテルのエアコンをつけっ放しにしていたせいか，凍えるような寒さで目覚めた。シャワーの水圧は低かったが，2 日ぶりのシャワーを浴びた後，日本にいた自分が遠い過去のように思えた。

　学校までのタクシーを待つ間，ホテルに隣接するガソリンスタンドのカフェで空腹を満たすことにした。ホテルから一歩外に出ると，「こんなに空って蒼かったっけ？」と思うほど，濃い青空がどこまでも広がっていた。

　見た目以上に重いスーツケースには日本で使用していたアスレティックトレーニング関係の教科書がすべて詰め込んである。スーツケースに入りきらなかった本を詰め

込み，破れんばかりのバックパックにはノートパソコンなどが入っている。どれも僕の大切な「知の武器」だ。

　空港内のように平たんな床はなく，所々がれたような雑なコンクリート舗装では，スーツケースの小さな車輪は思うように進んでくれず，ガソリンスタンドまでの往復だけで腕はもうパンパンだった。ホットドッグ 2 本を頬張りながら，ホテルのロビーでタクシーを待った。アメリカのタクシーは本当にわからない。たった 1 人の客にミニバンのような大型のタクシーでやってくる。サングラスをかけた陽気なタクシーの運転手にその訳を聞くと，「俺が近くにいたから，来ただけだよ。車のサイズは気にしないんだ。それはそうと，君は ESU（East Stroudsburg University）の学生かい？　日本のどこから？　日本とアメリカの関係はどう思ってる？」など，キャンパスまでの10分間は日本についての質問攻めにあった。ハワイでのインターンシップでも同じ経験をしたにもかかわらず，日本の国についてあまりにも知らない僕は敗北感に包まれたまま，ベツレヘム市ダウンタウンの一角にある ESU リーハイバレーセンターに到着した。アメリカ留学生活 1 日目のミッションは，ESU のスタッフにアスレティックトレーニング大学院のカリキュラムの説明を受けた後，これからの住む家を決めることだった。

　バニラの香りが漂う会議室に案内され，すぐにスタッフが来ると伝えられた。楕円形のテーブルの一角に借りてきた猫のように，小さくかしこまって座っていると，ドアがゆっくり開き，お揃いの赤いポロシャツとチノパンに身を包んだ凸凹コンビのような 2 人が入ってきた。

　中肉中背の小柄な男性は ESU のアスレティックトレーニングプログラムディレクターのケビン・リンジー博士， 2 メートルはあろうかという大柄な男性は何度もメールでやり取りをしていたチャーリー・ビーバーさんだった。

　僕の中で実際に会ったことのない彼らの人物像を勝手に作り上げていたようで，想像とはあまりにも印象の異なる 2 人に思わず絶句した。

　まずはリンジー博士からアスレティックトレーニングのカリキュラムについて大まかな説明を受けた。ESU のメインキャンパスはここから車で北へ45分ほどのイースト・ストロウズバーグ市にあるけれど，アスレティックトレーニングはここベツレヘム市のダウンタウンで行われること。このエリアは本キャンパスエリアに比べて人口も多く，アスレティックトレーニングの核ともいえる実習先が数多く用意でき，その実習先のサイトは20を超える。そのうち高校は14校，大学は 5 校，その他病院のリハビリテーションセンターなども用意され，中規模都市ならではの充実した実習環境が

用意されている非常に恵まれたエリアであること。またニューヨーク州マンハッタンからも車で1時間30分ほどなので，世界有数の大都市でのエキサイティングな経験も容易にできること。ESU について，松岡先生などからも聞いてはいたが，これから2年もの間，僕が成長するには打って付けの環境だと改めて思った。

リンジー博士のガイダンスに続いて，チャーリーは僕だけの ESU の留学生オリエンテーションを開催してくれた。オリエンテーションでは ESU での留学生活の心構えや大学院プログラムの基本的な事項などについて説明を受けた。ただ通常1日がかりのオリエンテーションが短縮バージョンで行われたため，途中何度も「ここの箇所は，後で自分で読んでおいてくださいね」といった場面も多く，1時間あまりでESU の全てが説明された（と思う）。

そこで告げられた重要なことは，銀行口座がないとアパートメントが借りられないどころか，携帯電話も契約できないことだった。授業開始まであと3日という特殊事情もあり，オリエンテーションが終わるとすぐチャーリーに連れられて銀行へ向かうことになった。まだ僕には住むところすらない。GAT プログラムによる特別な計らいで，チャーリーがアパートメントを準備してくれていたのだが，家賃を引き落とす銀行口座がなければ，借りることすらできないとのこと。そのためオリエンテーションが終わって，さっそく銀行口座を開けることになった。

チャーリーの赤いピックアップトラックは工事現場のダンプカーと見まがうほど大きく，手すりを使ってよじ登るほど車高が高く視界が開けたようだった。助手席ですら僕には有り余るほど広く，また視界も良くて日本からのエコノミークラスでの長旅のせいもあり，まるでファーストクラスに搭乗しているかのようだった。

「まずは銀行で君の口座を開設しないと，君はまたホテルに宿泊しなきゃならないだろ。君は住むところがないから，口座を開くときは僕の住所を使って，アパートメントが決まったら，住所変更すればいいよ。口座を開いてから，僕の用意したアパートを見せるよ。気に入ってもらえれば，今日からさっそくその部屋に入居できるように大家さんには伝えてあるんだけどね。明日はメインキャンパスに行って学生証を作れば，授業登録もすぐにできるし，タケシもいよいよ ESU の学生だな」と落ち着いた口調で今後のプランを説明してくれた。

3日後の7月13日にはサマークラスが始まるので，リンジー博士もチャーリーもGAT プログラムの提携校として，様々な面で協力してくれて，本当に助かっている。銀行ではパスポートと I-20 を証明書として提出し，チャーリーの住所を記入し，すぐに銀行口座を開設することができた。この銀行口座の小切手が家賃や学費など大き

な額の支払いなどに利用できる上，口座開設と同時にデビットカードが発行された。今後親からの送金・仕送りはこの口座で受け取ることになるので，留学生活の生命線ともいえる。

　再び10分に満たないラグジュアリーな「フライト」の後，赤いピックアップトラックはどの家の庭も緑の芝で覆われた閑静な住宅街の一角にある大きな2階建の一軒家の前で止まった。クリーム色の外壁に深緑で縁取りされた窓枠，大きなドア，バルコニーにはソファが2脚並べられている。家賃の予算は1,000ドル以下だと事前に伝えてあったけれど，直感的に1,000ドルを超えそうな高級な佇まいに，チャーリーを恨んだ。

「ここの大家さんは，僕の昔からの知り合いなんだ。事情を説明して，一部屋空けておいてもらったんだよ」とジェントルな話しぶりから，Rent（家賃）という言葉は出てこなかった。

「もしかして，騙されてる？　そうでなくても，いいカモにされてる？」

　そんな僕の疑念を知ってか知らずか，チャーリーは2回ドアノックをしてからドアを開き，「Come in, please.」と僕を先にアパートメントに入るよう促した。

　ドアを入った先には，日本でいう玄関はなく，ダイニングキッチンが広がり，ダイニングチェアには立派な口髭を蓄えた眼光鋭い中年の男が座っていた。男の顔がほころび，チャーリーと抱擁を交わしているのを見ると，この2人のアメリカ人が，現地の事情なんて何も分かっていない日本人を騙そうとしているようにも思えた。

「君がタケシかい？　俺はケント。ケント・ジンマーマンだ。チャーリーから事情は聞いているよ。さぁさっそく君のために用意した部屋を見に行こう。気に入ってもらえるといいけど」

　そう言って，ダイニングキッチン奥の扉を開けると，絨毯敷きにデスクと椅子だけがポツンと置かれた空間が広がっていた。

「そりゃそうだ。誰も入居していないから，貸してくれるんやもんな。それにしても思ってたより小さい部屋やな」

　外見の大きな屋敷はダイニングキッチン，トイレ2カ所，シャワー2カ所，ランドリーを共有スペースにしたシェアハウス型アパートとして機能していた。

「このアパートメントの住人は近くの短大のサッカー選手3人と，同じ短大の友人1人の計4人の男子学生が住んでいるから，君と同年代だし，きっとうまくやっていけるよ。勉強机と椅子は春に卒業した子がいらないって言ったから，君のために残しておいてもらったんだ」とケントが営業トーク（？）を始めた。

　確かにいい環境だけれども，家賃については全く触れないことが，気がかりだったので，意を決して「It appears to be a nice place, but how much is a rent for the room ?」と聞いた。1,000ドルを超えるようなら，1，2日ホテルで過ごしながら，アパートを探すことも考えていた。

「え？　家賃についてはチャーリーから聞いてないのかい？　1,000ドル以下で日本からくる留学生に貸してあげられないかと相談を受けていたんだ。このアパートメントの家賃は750ドル。電気と水道料金は毎月30ドル，光熱費は地下のボイラーでヒーターを付けているので毎月30ドル，インターネットは毎月25ドル，駐車場は1台当たり10ドルだ。また保証金は200ドル払ってもらう。このあたりの相場が1,000ドルくらいだから，全部含めても平均よりは少し安い。学校にも近いし，いい物件だから，お勧めするよ」と言って，ケントはさらにチャーリーに向かって何か言おうとしたが，肝心のチャーリーはバルコニーのソファに深々と腰掛けてくつろいでいたので，止めたようだった。

　自分で貸すのに「お勧めするよ」とは少々変な印象を受けたけれど，先ほどまであれほど疑っていたのに，今は「ここにしよう！　少々細かいところは我慢すればいいし，伝えていた予算通りの物件をまた探すのも面倒だし，ここに決めた！」と，チャーリーとケントに感謝し，僕は借りることに前向きな気持ちに傾いていた。

　ケントは契約書もすでに用意してくれていた。契約書の内容は「契約期間，毎月の家賃，支払期日，契約終了の手続き，支払いが遅れた場合の追加費用」など，法律用語も多用されていて，理解に少し手間取った。

　電子辞書を使いながら読み進めていると，ケントが「その小さいコンピュータはなんだい？　日本のコンピュータはそんなに小さいのか？」と電子辞書に興味津々の様子だった。もちろん，コンピュータではなく「Dictionary」だと伝えると，「マジで⁉　かっこいいな！　さすが日本人，何でも小型化してしまうんだな」などと，日本製品がどれだけ素晴らしいかを興奮しながら伝えてきた姿に，「ケントは日本のことは悪く思ってないし，むしろ日本に好感を持ってくれてるんかな」と，無事に良いアパートメントが見つかったことに安堵した。

　早速入居できたといっても，スーツケース1つとリュックサック1つだけのこじんまりとした入居初日となった。その晩，初めてルームメイト達と顔を合わせたけれど，1人が小さな低い声で「ッツァ」と言って，2階に上がってしまったのでゆっくり挨拶をする時間もなかった。自分の部屋のドアにしっかりカギをかけ，「あいつらが一緒に住むん？　なんかフレンドリーじゃないし，むしろ怖いんやけど」と，昼間の前

向きだった僕が羨ましく思えた。

　翌朝，再びチャーリーがアパートにやってきた。「タケシ，昨日は床の上で寝たんだろ？　ベッドを買うまで，この寝袋と枕をつかっていいよ。あと，外には自転車を借りてきたから，これで少しは通学も楽になると思うよ」と，寝袋と枕と自転車のカギを届けてくれた。アメリカでは赤子のように何もできない僕をサポートしてくれる彼がいなかったら，僕の留学生活はどんな始まりを迎えていたんだろう。自分でなんとかしなければという思いと，彼の厚意に甘えなければ生きていけない不甲斐なさを感じながら，チャーリーの車で森に囲まれたハイウェイを北に向かった。

　ハイウェイを降りると，左手にはキレイに芝が刈られたソフトボール場，陸上競技場，野球場などのスポーツ施設が広がっていた。日本では多くのスポーツ施設が人工芝を導入しているのに対して，ESU では一目見て天然芝の魅力を感じられる美しさだった。

　もう 1 人のアスレティックトレーニング担当であるアンドリュー・ブラウン博士に挨拶をするために，アスレティックコンプレックス*の一角にある体育館に立ち寄った。チャーリーが開いたドアをノックすると，「ようこそ East Stroudsburg University へ！　君はタケシだよね？　テツ・マツオカ博士から君についての話はいろいろ聞いてるよ。チャーリーもいろいろ助けてくれてるだろ？　GAT プログラム第 1 号として君を迎え入れられることを本当に嬉しく思うよ」と言いながらデスクの奥からスキンヘッドの男性が右手を差し出してきた。昨日から続く握手にもそろそろ慣れてきたと思う。ブラウン博士は特にきつく握ってきたのだけれど，力強い握手は熱意の表れなのだろうか。ただ，力強い握手にこちらも力強く握手を返して「握り合戦」になってはいけないと思い，彼と出会えた嬉しさを胸に秘めつつも，強くは握り返さないように，でもしっかりと握り返した。

　ブラウン博士との短い挨拶を済ませた後，キャンパス内の建物をいくつか移動して，2 日後から始まる夏学期に向けての手続きを済ませた。まずは留学生オフィスに無事に到着したことを報告し，学生ビザを維持するための基準や就労に関する規則，アメリカへの再入国の手続き方法など，留学生ならではのガイダンスを受けた。続いてはチャーリーが働く大学院オフィスで正式に大学院入学の登録を済ませ，晴れて入学の運びとなったが，入学式は拍子抜けするほどあっけないものだった。カウンターの女性がパソコンに僕の個人情報を入力し，「You are all set.（準備は整いましたよ）」と

＊アスレティックコンプレックス　　複数のスポーツ競技施設（陸上競技場，球技場，野球場，スイミングプール，屋内アリーナ等）を併せ持った建物あるいはエリア。

の'お言葉'を頂いただけの簡素な入学式だった。日本では盛大な入学式が取り行われ，キャンパス内では聞き飽きるほどの「入学おめでとう」を頂き，華やかな祝福の中で大学生活が始まった。日本の入学と比較すると，あまりにも盛り上がりに欠ける大学院生活の始まりだ。

　チャーリーはこのままオフィスに残り，僕とはここで別れた。彼は後ほどベツレヘムキャンパスに送り届けてくれるという。僕はすれ違う学生もほとんどいない広大なキャンパスを冒険する探検家のように，地図を片手に登録オフィスに向かった。

　地図から視線を上げると，道路のそのまた先に綺麗に芝生がカットされた野球場が見える。ようやくたどり着いた建物は色とりどりの花が植えられた花壇に囲まれている。登録オフィスでは日本のクレジットカードで授業料を支払い，いよいよ2日後から始まるアスレティックトレーニングプログラム夏学期の6単位の授業を履修することになった。

「あなたのアカデミックアドバイザーからは特例でメッセージを頂いていますので，こちらでは確認作業だけになります。夏学期の登録はこれら（Foundations in Athletic Training Practice と Clinically Oriented Anatomy）の授業でいいですか？」と，この夏学期に限ってはすべてが準備されていた。

　履修登録が終わると，窓口の男性に「You are all set.」と，例のお言葉を頂いた。これらの手続きを経て，ようやく学生証が発行されることになり，僕は晴れて ESU の大学院生としての身分を手に入れた。学生証を発行した時もお決まりの「You are all set.」を頂き，まるでお菓子工場のベルトコンベアのように，工程が1つ終わるたびに「You are all set.」とチェックされているようだった。

　このあっさりとした大学・大学院への入学はアメリカでの高等教育の考え方がよく表れていたと思う。日本では大学に入学することは激しい競争の結果を意味するが，アメリカの大学では入学はそれほど重要ではなく，厳しい授業を乗り越えた先の卒業に大きな価値があると聞く。入学にはそれほど関心がないように感じたのは，単位を取得することが重要とみなされ，その結果としての卒業が褒め称えられるべき成果なんだろう。アスレティックトレーニングプログラムも，卒業して初めて国家試験の受験資格を得ることができる。入学したことはアスレティックトレーナーになるためのスタートラインにすら立てていないのだ。ただ，スタートラインに立つための，試合会場には入れたんじゃないかと思った。

アスレティックトレーニングの夏学期授業

　7月13日朝7時15分，まだ少し肌寒く，通勤の自動車が行き交うヒルトゥヒル橋を渡って通学する先は ESU の学外教育センターだ。リーハイ川の両側に広がる丘陵地帯に挟まれているこの地域は「Lehigh Valley（リーハイ谷）」と呼ばれていることから，ESU の「リーハイバレーセンター」と呼ばれている。

　キャンパスから数ブロック先の喫茶店でサンドイッチをほおばり，コーヒーを飲みながら，まだ会ったことのないクラスメイトのこと，あまり雰囲気の良くないルームメイトとのこと，まだ自炊すらできない生活基盤のことなど，抱えている多くの不安について考えていた。それでもこの街に来て3日目，何もなかった僕には住む場所がある。自転車という移動手段がある。

「授業にしっかりついていくこと，これは揺るぎない最優先事項として，少しずつ生活を整えていこう。ベッドや必要な日用品はまた週末にでも買いに出かけよう。少しずつ，でも確実に前に進もう」

　色々考えることが多すぎて，少し焦っていたのかもしれない。アメリカに留学してきた目的はアスレティックトレーナーになること。そのためには少し生活環境が悪くても我慢するつもりだ。今日のミッションは，クラスメイト数人と仲良くなること。

　7時45分，リーハイバレーセンターに到着し，教室に向かう。教室には既に3人ほどの学生が静かに着席していた。僕は英語の聞き取りに不安があったので，1番前に着席した。ほどなくして5人目，6人目の学生が入室してきた気配を感じた。リンジー博士も両手に資料を抱えて姿を現した。6人の学生が着席する静かな教室を見回して，僕が想像していたアメリカ人と大きなギャップを感じた。

「アメリカ人ってフレンドリーで，誰とでもすぐに話すんとちゃうん？　みんな黙って片手でスマートフォンを操作しているなんて，日本の学生と同じやん」と違った意味でカルチャーショックを受けた。アメリカ人大学生に対する固定観念が崩れ，すぐに友達ができると思っていた僕の期待は大きく外れた中でアスレティックトレーニングのガイダンスが始まった。

　様々なバックグラウンドを持った仲間がここに集まり，クラスメイトとしてアスレティックトレーナーを目指す。ペンシルバニア地域以外からも学生は集まっている。教室に入った時の，あの緊張感は慣れない土地での新しい生活が始まった不安もあったのだろう。それは僕も全く同じだ。

　6人のクラスメイトのうち，ガイダンスを通じて仲良くなったチャド・ウィーラー

も中西部のシカゴから，ケイティ・ベックマンはインディアナポリスから来たのだという。「僕の故郷は太平洋を渡った先の日本という国なんだけどな。少し境遇がちがうねん」という気持ちも少なからず持ちつつ，生活基盤が何もないエリアにやってきた僕らは似た境遇に立つ者同士，自然と話が弾んだ。フェイスブックで連絡先を交換したこの2人との出会いによって初日のミッションはクリアだ。

今日から4週間に渡って2つのクラスをほぼ毎日受講する。1つはアスレティックトレーニングの基礎とテーピングや防具について学ぶ Foundations in Athletic Training Practice，もう1つは検体解剖実習などを含んだ解剖学を学ぶ Clinically Oriented Anatomy in Athletic Training。GAT プログラムを通じて，この2つのクラスの基礎となる授業は受けていたこともあり，言葉の壁を感じつつ大変だけれど，スムーズに授業に溶け込んでいる。むしろ僕の方がクラスメイトよりも理解している部分が多かった。

数日後，授業前にケイティから「タケシは英語がそんなに話せないのに，どうして授業の内容は私たちより理解できてるの？　どれだけ勉強していればタケシのようにリンジー博士の質問に答えられるの？」と聞かれた。

英語が話せないというのは，悔しいけれど本当のことだ。普段の生活で話す英語はスラングが多く含まれていて，どうしても意味が解らないことが多い。それでも僕はGAT プログラムについて，「英語でアスレティックトレーニングの授業を受けたから，基本的なことは全部英語で理解しているねん。またGAT プログラムというアスレティックトレーニング留学を目指すプログラムでは僕らがアメリカ留学でできるだけ苦労しないようにと，いろんなことを教えてくれたからや」と，僕の歴史を話した。

するとチャドが「そんなのフェアじゃないよ。俺たちはテーピングも初めてだし，詳しい解剖学なんて勉強したことないから，授業に付いていくだけでも大変なんだよ。それじゃタケシにとっては俺たちが苦労してるクラスは復習みたいなもんだよな。じゃあ，テスト前には俺たちは一緒に勉強しないといけないな」と，勝手に僕をテスト勉強要員に指名した。それでも僕はアメリカ人に「認められた」ことが何よりも嬉しかった。

その日，この嬉しさを家族に伝えた後，この経験をGAT プログラムの松岡先生に是非伝えたくて，週末にスカイプで話した。

「松岡先生，広小路大にいる時はGAT プログラムが結構しんどかったんですけど，今日の友達からのコメントが松岡先生がいつも言ってたことなんですよね。『しっか

り準備していけば，少し心に余裕が持てるし，留学先でリーダーシップを発揮することだってできる』っていうのを実感しました」と，GAT プログラムで支えてくれた松岡先生に伝えると，

「確かに僕はそういうつもりで GAT プログラム生に何度も言ってきたけど，アメリカ人からのタケシの評価はタケシの人となりの結果やろ。GAT プログラムを経て留学したからってわけじゃないんちゃうか。でも，僕はそんな経験をしたタケシを心底誇りに思ってるで」と。

　GAT プログラムでの 3 年間を通じて，多くの人たちから「アメリカに留学できてもすぐに授業についていくなんてほぼ不可能」と言われてきたけれど，今更ながら「GAT プログラムはアスレティックトレーニング留学を成功させるための下準備で，決してそこで終わるわけじゃない。留学先でのアカデミック面での余裕とその先にある国家試験合格という，長期的なアスレティックトレーナー育成プログラムなんやで！」と，その人たちに言ってやりたい。

　夏学期も 1 週間が過ぎるころ，授業後にリンジー博士から小さいメモに書かれた電話番号を手渡された。

「チャーリーから連絡があったんだけど，ESU の日本人留学生，ケニー・ヨシカワが新しく日本から来たタケシをサポートしたいって言ってくれているみたいだから，連絡してみなさい」とのことだった。生活基盤が整っていない僕にとって，まさに渡りに船だった。ただ 1 つ気がかりなのは，彼は本当に日本人留学生なのかということ。

　翌日，週末の土曜日を利用して携帯電話の契約と簡単な調理器具などの買い出しに連れて行ってくれることになった。ラストネームはヨシカワと日本のありふれた名前の一方，ファーストネームはケニーと洋風な名前の彼は，青いメタリック調なスポーツカーの助手席に女性を乗せて現れた。

　青い空に輝くスポーツカーから降りてきたのは，T シャツにハーフパンツ，サンダル，そしてサングラスというラフな格好をしたアジア人だ。赤い T シャツには ESU の文字，ESU の関係者であることは間違いなさそうだが，本当に日本人なんだろうか？「タケシ君？　俺はケニー，車に乗ってる彼女はハンナ。ESU へようこそ。話はチャーリーから聞いてるんだけど，いろいろ買い出しにいかないといけないんでしょ？」と，流暢な日本語で話しかけてきたので，少し戸惑った。ケニーは日本の高校を卒業してすぐにアメリカに留学してきた 3 年生で，どうやらハンナと付き合っているようだ。車内でのケニーは僕に対しては日本語，ハンナに対しては英語と，上手に二言語を使い分ける通訳のようだった。

　立ち寄ったハンバーガーショップのドライブスルーで，オレンジジュースかコーラを注文するかで揉めるほど仲睦まじいケニーとハンナに連れられて，アメリカ暮らしに必要な一通りの生活用品を買い揃えることができた。食料はもちろんのこと，台所用品から家電，衣類，寝具，おもちゃまで，何でも揃う超大型スーパーマーケットは僕のお気に入りのお店になりそうだけれど，どうやら車でないと，何も持って帰ることができない。どの客も大型の買い物かご一杯に買い込んでいる姿はアメリカが車社会だと実感させられた。

　ケニーは時間を見つけて僕を「犯罪歴証明書」の発行などに連れて行ってくれることになったが，どうしてここまで親切にしてくれるんだろうと不思議でならなかった。

　彼の答えは，「僕が留学してきた時もタケシと同じく生活用品は何もなかったんだ。メインキャンパスにある寮に住んでいたんだけど，ベッドと勉強机しかなくてさ。シーツも枕も掛布団もなかったんだ。入寮してすぐに途方に暮れていた時にESUにいた日本人留学生が挨拶に来てくれて，シーツ，枕，枕カバー，そして掛布団をどこかからか借りてきてくれたんだ。数日後には超大型スーパーに買い出しに連れ出してくれて，いろいろ買い揃えることができたんだよ。これってタケシの状況と全く同じでしょ？　おそらくどこの大学でも留学生は同じ苦労をしていると思うんだけど，母国語が通じる友人がいるって安心するでしょ？　親友になる必要はないと思うけど，同じ日本文化を持った故郷を離れて暮らす者同士，少しでも安心して留学してもらえれば，と思ってるんだ。僕はその留学生に本当に感謝している。だから押しつけがましいかもしれないけれど，僕にできることがあれば言って欲しい。可能な限り力になるよ。また俺たちは同じ文化を理解し合える日本人同士でしょ。やっぱりハンナもそうだけど，アメリカ人がわからない時がある。そんな時は同じ文化を理解する日本人の大切さが身に染みるよ。学期が始まると，俺も時々日本語を忘れてしまうしね。異文化を理解するためには，自分の文化をある程度理解してさ，それぞれを比較することで違いを知ることができなかったら，異文化理解なんてできないよ。タケシにはまだこの感覚がわからないかもしれないけど，いつかきっとわかるよ」

　僕は留学してきたことに一生懸命になりすぎていた。早くアメリカ人に，アメリカ文化に慣れたいと思っていた。もしかすると，僕は日本人として大切な何かを失いつつあったのかもしれない。また日本文化を理解しないままアメリカ文化を理解しようとしていたことに，日本人として恥ずかしいと思った。第一印象では少しチャラい雰囲気で登場した同い年のケニーがひと回りもふた回りも大人に思えた。

　夏学期はクラスメイトからも一目置かれるほどの好成績で修了した。アスレティッ

クトレーニングプログラムの 1 年生は 8 月下旬の秋学期まで少しばかりの夏休みに入った。チャドもケイティもこの休みを利用して故郷に帰ってしまった。2 人とも家族との時間が一番大切だと言っていたので，試験を受けた日に飛行機で帰って行った。

　僕はというと，この休みを利用して運転免許を取得しようと考えていた。日本の国際免許で車を運転することはできるけれど，期限は 1 年間。いずれは運転免許を取得する必要があるので，身分証明書にもなる運転免許を取得することにした。

　運転免許マニュアルの付録のような健康診断書は，ケニーの送迎でメインキャンパスの保健センターで書いてもらい，すぐに解決した。ベツレヘムまでの帰りはケニーとハンナから運転についてのイロハを教わったけれど，何度も 2 人の意見が食い違ったことなどもあり，2 人ともこんな理解で運転しているのかと少し不安になった。

　そんな 2 人は別れ際に「タケシなら大丈夫。日本の運転と左右が違うだけで，ほとんど一緒だよ。頭もいいし，勉強なんてしなくてもきっと合格するよ。頑張ってな」と言って East Stroudsburg に帰って行った。この言葉が僕の判断を大きく狂わせた。

　僕は彼らの根拠のない言葉を信じてしまい，全く勉強しないまま，翌日の学科試験は見事不合格。根拠のない言葉に完全に乗ってしまった。自分でもわからない。なぜか勉強しなくても合格すると思い込んでしまったのだ。その日の午後は Driver's Manual をみっちり勉強して，無事に Learner's Permit（仮免許）を取得したけれど，この不合格事件は僕に対して「天狗になるなよ」という警告だったのだろう。

　国際免許証を持っている僕はレンタカーを使って実技試験に向けて練習することにした。安くはないけれど，日本のように用意された車を運転するのではなく，実技試験には自分で車を持ち込まなければならないのがアメリカ方式だった。夏の間は高校生の受験者が多く，結局実技試験を受けることができたのは秋学期も始まった 9 月半ばだった。

　実技試験では助手席に乗り込んできた試験官の指示に従って決められた路上コースを走った。ミスなく試験場に帰還し，その場で「Good job! You passed.」と言われ，助手席から合格発表までされてしまった。日本での自動車教習所に通う時間と費用のことを考えると，複雑な思いを抱かざるを得なかった。ただ，松岡先生が「運転免許は日本にいる間に絶対取っておいた方がええで。アメリカに行ってから運転免許は絶対に必要やし，取る時間も限られてるから，可能であれば，1，2 回生の時間のあるうちに取っときや」と言ったのを思い出していた。

アスレティックトレーニングの秋学期授業

　8月下旬，'Measurement & Evaluation of Lower Extremity Injuries（下肢傷害の測定と評価）'，'Therapeutic Exercise in Sports Medicine（スポーツ医学におけるリハビリテーションエクササイズ）'，'Current Trends Athletic Injury Prevention & Measurements（最新のスポーツ傷害予防と測定）'，'Internship and Field Experience（インターンシップと現場実習）'の4つのクラスが始まった。基本的にアスレティックトレーニングプログラムの全ての授業は出席が必須となっている。これはクラス内で実技があり，パートナー制度を取っているため，欠席するとパートナーの実技練習の時間が減ることになるからだと，説明を受けた。また小さな高校など，アスレティックトレーナーが欠席すると替わりのアスレティックトレーナーもおらず，多くの学生アスリートへのサービスが停止することにもなるため，自己の体調管理などを徹底するように，との意図もある。

　ESU のアスレティックトレーニングプログラムは学生アスレティックトレーナーである僕たちにもプロフェッショナリズムの醸成を促す，常に背筋が伸びるような緊張感を持たせるプログラムだ。特にインターンシップと現場実習のクラスでは，各学期250時間以上の実習時間が義務付けられ，教室で学んだ知識をアスレティックトレーナーの監視の下，実践することができる。

　この授業の特徴は，各実習先にプリセプターと呼ばれるアスレティックトレーニング指導者が，学生の教育・育成に協力している点にある。学生は様々なアスレティックトレーナーから丁稚奉公のように学び，実践することでスポーツ現場経験を積むことができる。教室での授業に加えて，この1000時間を超える実践経験を通じ，教室内では決して経験のできないスポーツ傷害への対応やリハビリなどを実践することができるため，質の高いアスレティックトレーナー養成の核として位置づけられている。

　20以上の実習先から僕に割り当てられたのは，ベツレヘム・インディペンデント高校という全校生徒が3,000人近い巨大な公立高校だった。僕の移動手段が自転車しかないということをブラウン博士が考慮してくれ，自転車で通える範囲の実習先に派遣されることになった。

　アスレティックトレーニングルームはチームカラーである紺と黄色が壁面に配色され，ペイトリオッツ（愛国者）のロゴが床と正面の壁に描かれている。紺と黄のペイトリオッツロゴデザインが格好いいポロシャツを纏った2人のアスレティックトレーナーが17のチームを上手く担当している。規模は小さいかもしれないけれど，上手に

ベツレヘム・インディペンデント高校ペイトリオッツへの愛校心を搔き立てる雰囲気作りが施されており，大学 2 回生の時に訪れたオアフ大などと全く同じ，アメリカのスポーツ熱を感じた。

　ヘッドアスレティックトレーナーのキンバリー（キム）・オルソンは秋にコンタクトスポーツ[*]（フィールドホッケー，サッカー，バスケットボールなど）を，春はコリジョンスポーツ（男子ラクロス）を担当している。一方アシスタントアスレティックトレーナーのダスティン・ベックは秋と冬にコリジョンスポーツ（フットボール・レスリング）を，春にはコンタクトスポーツ（女子ラクロス）を担当しており，お互いの担当種目が上手に分けられていた。

　高校に配属され，初日にキムから教わったことは，近年全米の各州において学生アスリートを脳震盪を含む外傷性脳損傷から守るルール作りが進んでいることだ。

　キムは「ペンシルバニア州法では全ての学生アスリート，保護者，指導者に対して脳震盪を含む外傷性脳損傷についての教育セミナーを開催してるのよ。それだけでなく，シーズン前には脳機能の基準値測定をしたり，試合や練習中に脳傷害の疑いがある場合の競技の中止，脳傷害からの復帰のルール，違反に対する罰則規定など，タケシにも最低限理解してもらわないといけないの。このスポーツに取り組む子どもたちを守る法律ができてからは，指導者や審判などが脳震盪などへの理解をしてくれているので楽になった一方，保護者達からの目も厳しくなったけど，メリットは大きいわ」と，いまだに英語でうまくコミュニケーションを取れない僕に，母親がゆっくり諭すように教えてくれた。

「アメリカで生活する上で，自分が住んでいる州の法律を守ることが優先されることは絶対に忘れちゃいけないよ。タケシは今ペンシルバニア州内の高校で現場実習しているから，ペンシルバニア州法に従わなければならないんだよ」と，ダスティンが付け加えて教えてくれた。

　州法とは文字通り，州が独自に定めた法律のことだ。アメリカには連邦法（Federal Law）と各州が独自に定めた州法（State Law）があり，州法はそれぞれの州によって異なることを意味する。理論上は連邦法が優先されるが，現実的には州法が優先されるのだという。

　高校と言っても 9 年生から12年生までの 4 年生なので，下級生と上級生の体格差も大きく，成長が完了していない骨の傷害など成長期特有の怪我を多く経験することができた。怪我をした選手に対して，キムは根気よくいつも同じ説明をしていた。

＊コンタクトスポーツ　　身体の接触が許されているスポーツ

「成長期の子どもと成人が同じスポーツをしていれば，動作のメカニズムは同じだし，それによってストレスのかかる部位も同じだよね。でもね，ストレスは常により弱い組織にかかるため，発症する部位が子どもと成人では違うの。君たちの骨はまだまだ成長過程にあって柔らかいから，ジャンプやキック動作によって膝のお皿の下の骨（腱付着部）にストレスがかかると，骨が徐々に突出してきて痛みがでることがあるの。最悪，骨が引っぺがされてしまうのよ。一方，成人の骨は成長も完了して十分に硬いから，動作によるストレスはより弱い腱にストレスがかかるの。その結果，成人では骨ではなく腱に痛みが出るのよ。ここからが大事な話。君たち高校生も大学生もプロアスリートも，怪我をすればみんなリハビリというより安全に競技復帰をするためのエクササイズをしないといけないのよ。これは怪我をする前のパフォーマンスを取り戻すためでもあるし，同じ怪我が再発しないようにするためでもあるのよ。痛みがなくなっただけで競技に復帰すると，ほぼ間違いなく再発するわよ」とリハビリエクササイズの重要性を理解させることが安全に復帰させるために必要なんだと，選手に説明しているキムの眼は，選手を全身全霊で守ろうとしている母親のようだった。

　一方フットボールを中心に働いているダスティンの学生アスリートとの接し方は，キムのそれとはまた違っていた。ダスティンは天性の明るさで，選手との距離も近く，リハビリが必要な選手はみんな上手くダスティンのノリに乗せられてしまっているようで，キムのような理路整然とした説明は一切しないタイプだった。彼の迅速かつ的確な対応は選手からの信頼も厚く，ワイワイガヤガヤと賑やかながらも，率先して彼のリハビリ指示に従っていた。これはフットボールチームの雰囲気かもしれないけれど，キムとは対照的なアプローチが印象的だった。

　どちらがいいかというのは野暮な質問だろう。アスレティックトレーナー自身の性格や選手の性格，チームの雰囲気，様々な要素が複雑に絡み合った人間関係の中，どちらのアプローチも正解なのかもしれない。ただ1つ言えることは，2人ともコミュニケーションに長けていて，学生アスリートやコーチからの信頼が絶大だということ。今の僕はまだまだ言語能力に問題がある。選手からの信頼を勝ち得るためにも，英語での最低限のコミュニケーションが取れるようにならないといけないと感じたベツレヘム・インディペンデント高校での現場実習だった。

＊アメリカの教育制度においては，学年数をグレード1（小学校1年）からグレード12（高校3年）まで通しで表される。一般的には，グレード1から5（日本の小学1年〜5年）までが小学校，グレード6から8（日本の小学6年〜中学2年）までが中学校，グレード9から12（日本の中学3年〜高校3年）までが高校。

　秋も深まった11月下旬，サンクスギビング（感謝祭）ウィークエンドと呼ばれる 4 日間の休暇がある。この週末には七面鳥とマッシュドポテトにとろみのあるクリーミーなソースをかけた伝統的なサンクスギビング料理を食べるほか，家族や友人とゆっくり過ごすアメリカ人が多いようだ。実習先の高校もクラブ活動はなく，少しばかりリラックスのできる時間だった。

　チャドやケイティは翌月のクリスマスに帰省するらしく，この週末はベツレヘムに残っていたので，久しぶりに 3 人でディナーに出かけた。壁に掛けられている20台ほどのテレビの画面では NFL（プロフットボール）の試合が中継されている。アスレティックトレーニングの授業や高校の現場実習を通じて，いつしかスポーツを見る時の視点が，ファン視点からアスレティックトレーナー視点に変わっていた。

「俺たちってさ，スポーツ傷害を予防するためにアスレティックトレーナーを目指してるだろ？　皮肉なことに，現場実習では教育の観点から『怪我が起こってほしい』って思っている自分がいるんだ。実際に怪我が起こることによる学びって，教室じゃ絶対に学べない貴重な体験だろ。君たちもそう思わないか？」とチャドが唐突に真面目な顔をして聞いた。

　僕は「それは思ってても，言ったらアカンやろ〜」と心の中で呟きながら，「そうか？　僕はいつも怪我は起こってほしくないと思ってるで」と本音を隠して，『いい子ちゃん』ぶった。

　ケイティは「わかる！　私もチャドと同じこといつも考えてたのよ。でも，学生である今だから言えることよね。それに何も起こらなかったら，誰も学ぶことなんてできないしね。ホント皮肉だと思うけど，現場実習ではもっと怪我が起こってほしいわ。タケシはホントに真面目よね」と明け透けに言った。

　僕は真面目なんじゃない，僕だってみんなと同じようにもっと怪我の経験を積みたいと思ってる。ただ，「怪我が起こってほしい」とは，僕の中で言ってはいけない言葉だと思って嘘をついた。きっと僕の顔が真顔になっていたんだろう。

　ケイティが「ところで，タケシは何に感謝するの？」と唐突に聞いてきた。「何に感謝する？　どういうこと？　なんでそんなこと聞くん？」と質問の意味が全く分からなかった。チャドがすかさず助け舟を出してくれた。

「歴史的な意味はよく知らないけど，アメリカでは Thanksgiving Day は大切な誰かに感謝をする日なんだよ。それだけの意味だ」と，馬鹿げるほどストレートな Thanksgiving Day（感謝を与える日）のネーミングに吹き出してしまった。

　アメリカ人の学生が何かと実家に帰る姿を見ていると，アメリカ人の家族や親戚の

絆が（日本人の僕からすると）非常に強いと感じている。日本だと頻繁に実家に帰ることは少しネガティブに受け取られると思う。一方、アメリカ人は帰省をしないと「家族の仲が悪いんじゃないの？」という印象になってしまう。たった4日間の週末だけれども、家族が集まると考えれば、日本のお正月やお盆のような感じなんだと思う。

　ケニーもこの週末はハンナの両親の家にお邪魔して、Thanksgiving Day を祝っているらしい。ケニーもいないし、少し時間のあるこの週末に僕は車を探すつもりでいることを、七面鳥を頬張りながら打ち明けた。アメリカでは自動車の個人売買も盛んに行われている上、中古車ディーラーのウェブサイトにも多くの中古車が掲載されていた。そこで気づいたのは、アメリカの中古車は走行距離や年式のわりに価格が高いということ。そして故障が少ないと評判の日本車ともなれば、さらに価格は高くなることだった。ケニーが乗っているピカピカのスポーツカーなんて、到底僕には手が出ない。とにかく今後、自転車では通えない実習先への移動手段として車が必要だったので、乗れさえすれば車種や年式にはこだわってはいなかった。

　チャドはそれを聞いて、「予算はいくら？　ちょっとアテがあるんだ。本当に何もこだわらなければ、悪い話じゃないと思うんだけど」と、何か意味深な言い方をしてきたので、僕も少し無理を言って、「1,000ドル。誰か知り合いで安く車を売ってる人知ってる？」と無理を承知で言ってみると、「じゃあ予算内だ。確か700ドルだって言ってたよ。興味あるなら、一度見て決めればいいだろ。車種は Plymouth Voyager の1986年モデルだから、本当に興味があったら、また教えてくれよ」と本当にアテがあるようだ。

　初めての車購入だったので、日本にいる父親に相談もした。インターネットでも多くの情報を集めた。価値のある700ドルなのか、そのお金をドブに捨てることになるのか。父親のアドバイスは、2年後の進路はまだ決まってないなら、とりあえず2年乗れればいいんじゃないかということだった。もし2年後にアメリカに残ることができるなら、今からソコソコの車を購入した方がいいんじゃないかとも考えた。

　翌日チャドに連絡を取り、実際に車を見に行ってみると、大きな家からは70歳を超えているであろうアンジェリーナ・ウィットさんが杖を突きながら玄関のドアを開けた。入り口から数段上がったリビングでコーヒーを飲みながら話してみると、どうやら車は6年ほど前に亡くなった旦那さんが乗っていた車で、運転するには大きすぎるし、脚の具合も悪く乗り降りが辛いので処分するつもりだったそうだ。

　ガレージのシャッターが開くと、そこには埃もほとんどかぶっていない状態の5メートルに達しようかという、目が飛び出そうなくらい大きな時代を感じさせる色のバ

ンが姿を現した。

　夫婦の思い出の詰まった車を僕なんかが乗り継いでいいのだろうか，と一瞬ためらったが，僕が購入することで，処分の助けとなるのであれば，買い取ってあげられないだろうか。もともと車を見に行くだけ，気に入らなければ断ればいいだけの話だと思っていたけど，この女性の力になれるのであれば，思い出を乗り継ぎたいと思いが変化していた。

　チャドは「気に入らなかったら，断ってもいいぞ」と言ってくれたが，僕は銀行から発行された小切手に「Seven hundred and 00/100---」と書き込み，「気に入りました。ありがとうございます」と言って，柔らかい皺の多い手に両手で渡した。

　彼女も「気に入ってもらえてよかったわ。どうしても捨てることができなくて，こうして乗ってもらえて，本当によかったわ」と，目に涙を浮かべながら言ってくれた。

　そのまま Department of Transportation（DOT）（運輸局）に駆け込み，所有権証明書と車両登録証明書を受け取り，すぐにライセンスプレートが発行された。駐車場でライセンスプレートを付け，DOT オフィスの隣にある保険屋に駆けむと，すぐに車両保険にも入ることができた。何かにつけて時間のかかるアメリカにおいて，自動車関連の手続きについては本当に簡素だ。24時間前には考えられないほど，展開が早く，本当にこれだけでよいのか心配になるほど，簡単に車の購入が済んでしまったが，アパートメントの大家さんにも駐車場の契約の話はしていないことを思い出した。その後，大家さんに車を買ったことを言うと，「You finally got a ride! You definitely need a parking.」と陽気に笑っていた。

　12月中旬，秋学期の期末試験がすべて終わると，現場実習の授業も同時に修了することになる。つまり，授業登録をせずに現場実習をすることはできない。これから1月上旬までは春学期に向けての充電期間として人脈を広げようと思った。

　アメリカに来る前に松岡先生からは「ペンシルバニアだけじゃなく，アメリカの北東部には多くの日本人アスレティックトレーナーもいるし，人脈を広げるには最高のエリアやで。毎年クリスマスには20人くらいの日本人がマンハッタンの居酒屋でクリスマスパーティするから，是非参加してみな。そこでできた友達はその後きっとタケシを助けてくれることになるで」と言われていたので，松岡先生の知り合いのアスレティックトレーナーに連絡を取った。

　当日はニューヨーク州だけでなく，コネチカット州，マサチューセッツ州，メリーランド州，オハイオ州，そしてペンシルバニア州などから総勢24人の日本人が集まり，クリスマスパーティという名の大人の社交に興じたり，0時を回った頃には世界でも

っとも有名であろうロックフェラーセンターのクリスマスツリーを見学したりと，アメリカに来て初めて大きく羽を伸ばすことができた。

　松岡先生のアメリカ時代の話を聞いたり，僕と同じくアスレティックトレーニングを学んでいる学生との情報交換，広小路大学の GAT プログラムの紹介，そして先輩アスレティックトレーナー達からのアドバイスなど，ベツレヘムに籠っていては決して出会えない人たちとの交流はまさにプライスレスな経験だった。

　誰しもアクセル全開で永遠に突っ走ることなんてできない。時々羽を休め，違う方向に新しい景色を求めて飛んでみることも必要なのだと教えてくれたのは，ベツレヘムから小1時間離れた高校でアスレティックトレーナーとして働いているヒロさん。たった一晩でこんなに親密になれるのかと不思議なくらいヒロさんとは濃い一晩を過ごした。

　翌日，自由の女神像まで寄り道をした後，故郷から離れた人間の集まりがそうさせたのか，たまたまフレンドリーな人間たちがアメリカに渡ってきたのか，アメリカに来ると人はフレンドリーになれるのか，僕も彼らのようにフレンドリーになれるのか，少し哲学的なことを考えながらペンシルバニアに向かうバスに乗り込んだ。この3日間のクリスマス休暇が終わると，多くのアスレティックトレーナー達は再び日常に帰って行くのだという。

　ベツレヘムに戻った僕は残り3週間余りの休暇を「違う方向に」羽を伸ばすことにした。3回生を前に GAT プログラムを去ったユウキはオハイオ州ウィルミントンにあるウィルミントン大学に留学していた。ベツレヘムから車で西へ9時間の場所だ。ウィルミントンから南西に2時間半ドライブすれば，マサが留学した Spalding University（SU）のあるケンタッキー州ルイビルにも行くことができる。30年落ちの中古車で長距離運転の不安もあったが，元旦に「人生，何事も経験！」と決心し，旅に出ることにした。

　どこまでも木々に囲まれたインターステート高速道路。日本で言う高速道路だが，大きな違いは「無料」だということ。I-76をひたすら西へ4時間，途中 I-70に乗り換え西へさらに3時間。オハイオ州の州都コロンバス市へと着くころには午後4時を過ぎて，辺りは真っ暗だった。徐々に街の明かりが増えてくると，突如右手に高層ビルの明かりが見えた。アメリカの街の特徴はダウンタウンのほんの一角だけに10本ほどの高層ビルが建ち，巨大都市の輪郭を映し出している。帰宅ラッシュに巻き込まれながら，I-70から I-71へと乗り換え，南西方向に1時間半。スマートフォンのナビゲーションシステムを頼りに，遂にウィルミントンに着いた。車の故障の不安もありつつ，

9時間にも及ぶドライブに達成感を覚えた。

　ユウキは大学の寮を出て，アパートメントで一人暮らしをしていた。住宅街の一角にある彼のアパートメント前に車を停めると，懐かしい顔がヘッドライトに飛び込んできた。

　「おぉぉ！　久しぶりやな。あれ，ユウキ……ちょっと肥えたんちゃうか？」と言いながら，強くハグをして僕たちは2年ぶりの再会を祝った。今夜は彼の部屋に泊まり，明日ルイビルに発つ予定だった。しかしユウキは「なぁ，このままルイビルまで行って，マサを驚かしてやろう。ここからは俺の車で行くし，タケシはもう横で寝てたらいいよ。早く荷物を乗せ換えて，出発しよう」と，こちらの意見を聞くまでもなく，ユウキに急かされるまま，僕らはルイビルに向かって出発した。

　アメリカのインターステート高速道路はどこも木々に囲まれていて，街灯の明かりも何もなく真っ暗闇だ。先に走る車のテールランプを頼りに，ただひたすら暗闇の中を走った。同じ調子のエンジン音も，いつしか気にならなくなり，僕はいつの間にか眠りに落ちていた。

　車が段差に乗り上げたショックで目覚めると，ヘッドライトに照らされたマサが手を振っていた。マサとは半年ぶりの再会だったが，ユウキの時と同じように，男3人で強いハグをした。

　ここに集まった男3人は広小路大学スポーツ健康科学部で出会い，アスレティックトレーニングを学ぶため，それぞれ異なる学校に進んだ。ユウキは途中で大学を辞めたが，それでも同じ GAT プログラムをルーツに持つ，かけがえのない友人だということを改めて感じた。

　ルイビルでは3人でホテルに泊まりながら，バット博物館＆バット製造工場見学や，ケンタッキーダービー博物館，そして何と言ってもフライドチキンショップなど，アスレティックトレーニングとは全く関係のない時間を旧友と過ごした。スポーツにおけるオフシーズンは張り詰めた緊張感から解き放たれ，他のスポーツを楽しむなど，心身ともにリラックスすることが，再び始まるプレシーズンへの充電期間として重要だと言われている。僕たちのオフシーズンは，アスリートと同じく春学期が始まるまでのリラックスする時間として，本当に楽しい時間だった。マサと別れ，ユウキとも別れた僕は，少しセンチメンタルになりながら，再び木々に囲まれたインターステート高速道路を乗り継ぎ，僕の居場所を目指した。

　車という移動手段を手に入れた春学期は，学校から20分ほど離れたトレクスラー大学で現場実習を行うことになった。この全米体育協会3部の強豪校で30年以上のヘッ

ドアスレティックトレーナーを務めているロバート（ボブ）・ラコウを中心に，4人のアシスタントアスレティックトレーナーが20のクラブを担当している。アスレティックトレーニングプログラムのないトレクスラー大学ではアスレティックトレーニングの実習生がいない。5人のアスレティックトレーナーの業務を補助するために‘ワークスタディ’と呼ばれる「学生が勉強を兼ねて働く」制度を利用し，学生たちがアスレティックトレーナーの業務を補助する重要な役割を担っている。練習前後やホームゲーム前後の準備や応急処置など，アスレティックトレーナーの指導の下で働くが，専門的な教育プログラムを受けていないワークスタディ学生との人間関係構築もまた学ぶことが多く，秋学期とは異なる学びがあった。

　また春学期になり，アスレティックトレーニングの本質を理解することができた。秋学期の現場実習では，高校までバスケットボール部に所属していた僕にとって，バスケットボール以外のスポーツは「アスレティックトレーニングを学ぶスポーツ現場」と感じていた一方で，バスケットボールについては，ルールはもちろん練習内容も理解できることも多く，「楽しいスポーツ現場」だった。

　バスケットボールとレスリングはウィンタースポーツとされ，レスリングを担当していたボブにも男子バスケットボール担当のジミー・ジャステセンにも同じ内容のアドバイスを受けた。ボブには「タケシはバスケットボール経験者なんだろ？　じゃあレスリングのことは詳しくないと思うけど，レスリングを見ていてどう思う？　俺は秋はクロスカントリー，冬はレスリング，春はソフトボールとテニスを担当しているけど，俺たちの仕事は競技の指導じゃないんだよ。傷害予防から競技復帰まで，担当するチームの学生アスリートのスポーツ傷害のすべてを業務としてるんだ。言っている意味がわかるか？　アスレティックトレーナーはスポーツ現場で起こる傷害と疾病についてのプロなんだ。特定の競技の専門家じゃないんだよ。バスケットボール以外の競技もそのうちルールもわかってくるから，きっと面白くなってくるさ」

　ジミーには「バスケットボールを見ているタケシは活き活きしてるね。アスレティックトレーナーとして，競技特有のルールや動作を理解することはすごく重要なんだ。ただ，傷害のメカニズムは競技特有ではないから，スポーツ傷害発生時の動作や傷害メカニズムを理解すれば，どんな競技にも応用ができるさ。俺は秋はフットボール，冬は男子バスケットボール，そして春はベースボールを担当しているけど，怪我は怪我。メカニズムも大きくは変わらないし，リハビリの内容も大まかには同じなのさ。つまり，タケシはバスケットボール以外をもっと勉強した方がいいと思うよ」とアドバイスを受けた。

　2 人からのアドバイスを得て、陸上ホッケーとバレーボール（秋）、女子バスケットボール（冬）、女子ラクロス（春）を担当するクリスティン・レップに「今はいろんなスポーツで現場実習をさせてもらってるけど、もし僕がバスケットボールを担当するアスレティックトレーナーを目指しているとしたら、バスケットボールで現場実習を積むべきだと思う？」と聞いてみた。

　クリスティンは「もしバスケットボールしか知らなかったとすると、他のスポーツはわからないってことよね。そんなんじゃ、あまりにも視野が狭すぎるわ。私だったら、バスケットボールに特化したアスレティックトレーナーは雇わないわね。プロフェッショナルチームだったら雇ってくれるかもしれないけれど、そんな人は学校スポーツじゃ役立たずよ。タケシはバスケットボールを担当したいの？　Good luck！」と、皮肉たっぷりに答えてくれた。

「いやいや、僕は決してバスケットボールだけに興味あるんじゃないって。特定のスポーツにしか興味のない学生が日本にはたくさんいたんやけど、アスレティックトレーナーって特定競技の専門家じゃないやんな、という確認のための質問やってん。ボブとジミーの 2 人にもアスレティックトレーナーとしの心構えというか、考え方についてアドバイスを受けたんやけど、全くその通りやと同意してん。ただ、その考え方が間違ってないかと再確認したかっただけやねん」

　僕は少し焦りながら反論しつつ、予想通りの返答に満足感すら覚えていた。

「あぁ、そういうことだったのね。おそらくどのアスレティックトレーナーに聞いても、同じ答えが返ってくるんじゃないかしら。私たちはスポーツ傷害の専門家よ。一回の大きな力が加わることによって起こる急性外傷の多いコリジョンスポーツからコンタクトスポーツ、繰り返し同じ動作を行うことによって起こる慢性障害の頻発するノンコンタクトスポーツまで高校や大学には様々なスポーツ活動が行われているわ。またアイスホッケーやラクロスのように男女でルールの異なるスポーツだと、同じスポーツでも傷害の傾向が違ってくるのよ。だから、いろんなスポーツで実習経験を積むべきよ。特定のスポーツしか知らないなんて、あり得ないじゃない」と、クリスティンの半ばあきれた顔にバツが悪くなった。

　秋学期には授業に遅れを取らないために、あまり周りが見えなったが、春学期には英語でのコミュニケーションも楽になってきたお陰で、少し視野を広げて考えられるようになったと思う。

広小路大学卒業

　アスレティックトレーナー（ATC）を育成するために，広小路大学スポーツ健康科学部が提供しているGATプログラムは，大学卒業に必要な単位を早期に修了することで，広小路大学に学籍を残しながら4回生の夏にアメリカの大学院に入学するプログラムだ。

　広小路大学の位置する関西エリアより少し長めの冬が徐々に和ぎつつある3月下旬，日本では広小路大学の卒業式が行われていた。僕の肉体は遠く離れたアメリカにあり，今日もベツレヘムでは授業と現場実習といった，いつもと変わらない日常が続いている。

　そんな中，GATプログラムでお世話になったスポーツ健康科学部の職員の方や先生方から祝福のメッセージを頂いたことは，遠く離れていても広小路大学の卒業生として忘れられていないんだな，と安堵感に包まれた。

　両親からは的を射たメッセージが来た。
「『卒業おめでとう』って一応言っておくわ。でも毎日忙しいやろうから，実感わかへんのちゃうか。お前が大学院を卒業する時は，お母さんと一緒に行きたいから，頼むで。お前が卒業できひんかったら，俺たちの計画狂うしな」と，励まされているのかよくわからないメッセージは，いかにも父親らしく，まずは大学を卒業するという目標が達成でき緊張が解けるように心が軽くなった。

　午後9時，立て続けにスマートフォンのアプリに連絡が入った。松岡先生からのビデオ通話に応答すると，画面には人らしき影が遠くで歩いている映像が映っている。「おーい，タケシ見＊るかー？って俺や，松岡や。今，卒＊生が卒業式のセレモニーやってるねん。タケシは日本＊＊らんけど，みんなと一緒に卒業やな。おめ＊とう！」と，通信状態が悪く聞き取れない部分がありながらも，遠隔で卒業式に出席しているかのように，セレモニー会場が映し出されている。

　まるでサッカー日本代表が試合前の国歌斉唱の時のように，送られてくる映像は大教室の最後列に並ぶ先生方の表情を右から左へ流れるように映し出した後，大教室の前下方にカメラが向いた。そこにはオランダの語学学校から一時帰国しているカズのほか，1年間GATプログラムを一緒に頑張った仲間たちも映し出された。男たちはグレーのスーツにネクタイ姿に，女の子たちは袴姿に身を包み，いかにも日本の大学卒業式姿がスマートフォンの画面に広がっている。

　松岡先生の心遣いには感謝しつつも，いつもの日常に生きる僕は「在校生」のよう

に‘見送る側’として画面の中で続く卒業式をノスタルジックな感情で観ていた。卒業という大きな節目を迎えている旧友を少し冷めて観ていたのは，アメリカにいる僕やマサにとって何も変わらない日常が目の前にあり，その日常は明日も続くと分かっているから，少し冷めていたのかもしれない。それでも「節目」を迎えた僕とマサは，同期のユウキを誘って，スカイプを通じてささやかながら 3 人で祝杯を挙げ，僕たちの今後の健闘を誓い合った。

立命館大学スポーツ健康科学部
GAT プログラム修了生インタビュー

鈴木　拓也　GAT プログラム 1 期生。現在アッパー・アイオワ大学インターンアスレティックトレーナー

1．アスレティックトレーナーになろうとしたきっかけを教えてください。また ATC という資格を知った経緯（いつどのように知ったのか）を教えてください。

　　ATC を初めて知ったきっかけは，大学に入学して数日後の学部オリエンテーション内での GAT プログラムの紹介でした。"トレーナー" と呼ばれている職業が日本にあることは耳にしていましたが，詳しいことは何も知りませんでした。また当時，将来に関する進路や夢を明確に持っておらず，漠然とスポーツに関係する職に就きたいという軽い気持ちでした。そこでオリエンテーションに参加し，アメリカで準医療従事者として様々な現場でアスリートを支えるアスレティックトレーナーという職を知り，「これが僕の将来やりたい仕事だ！」とピンと来ました。他の方々と違い，「高校生の時にアスレティックトレーナーとの出会いがきっかけだった」や，「アスレティックトレーナーという職をすでに知って自分で調べていた」というストーリーはなく，ある種，運命のようなものだったと今でも感じています。その後，アスレティックトレーナーとはどういう存在で，どのように社会や組織に貢献しているのかを自分で調べ，また実際のアスレティックトレーナーの方々のお話や現場の様子を見させていただきました。その貴重な時間の中でオリエンテーションで感じた直感を確信に変え，アスレティックトレーナーとして働きたいという強い志を抱きました。

2．なぜ立命館大学スポーツ健康科学部を選択したのですか。また，大学への進路選択時に，候補にあがった大学と学部，および実際にオープンキャンパス等に参加した大学を教えてください。

　　スポーツや健康，身体に関する勉強ができる学部として有名な大学の 1 つである立命館大学スポーツ健康科学部を受験しました。ほかの候補の大学として，神戸大学発達科学部，早稲田大学スポーツ科学部，同志社大学スポーツ健康科学部を受験しました。

3．GAT プログラムを知った経緯について教えてください。

　　上記でも述べましたように，ATC を知ったきっかけは学部のオリエンテーションでの GAT プログラムの紹介でした。したがって，GAT プログラムを知ったのもオリエンテーションが初めてでした。

4．立命館大学スポーツ健康科学部生時代に印象
　に残っている出来事や大変苦労したことなどが
　ありましたら，教えてください。

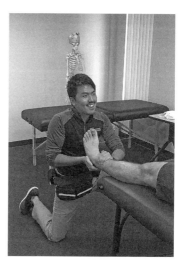

鈴木拓也氏

　　印象に残っている出来事はやはり，East Stroudsburg University（以下，ESU）に入学することが決まった時です。3 年間，GAT プログラムを通して，ESU に入学することを目標として日々過ごしてきたため，3 年越しの目標を果たせた時はなんとも言えない達成感に満ち溢れました。その達成感の背景には苦労したこともたくさんありました。その中でも，英語の壁というのは大きかったです。正確には "大きいです" と現在進行形ですが。ESU に入学するために必要な語学テストの基準点に達することがなかなかできず，ギリギリまで苦戦していました。私が高校生の時，英語は得意な科目ではなく，英語を話す機会も全くなかったため，大学 1 回・2 回生前期までは，英語を勉強することが苦痛でもありました。しかし，英語を "勉強する" から "新しいコミュニケーション言語を会得する" という考え方に変えていくことができたので，その後はポジティブなマインドで会話能力や聞き取り能力を伸ばすことができました。けれども語学テストで比較的高い基準点を取ることが入学するための必須条件であったため，そのための勉強は学部時代に最も苦労したことの 1 つです。

5．あなたにとって GAT プログラムとはどのような存在でしょうか？

　　率直に私の将来への道を決めるきっかけとなったプログラムです。また私が入学したと同時に始動したということもあり，プログラム第 1 期生になれたことからも，私のアスレティックトレーニング人生を語る上で欠かせないものであり，誇るべきものでもあります。

6．立命館大学スポーツ健康科学部の良さについて，学部生時代に感じたことおよびアメリカの大学院に進学した後に実感したことを教えてください。

　　スポーツ医療だけでなくスポーツに関する様々な分野で高いクオリティーの研究設

備，環境が整っており，分野ごとで高いレベルの教授等が在籍されていること。さらに，その教授との距離が近く，フランクに質問やディスカッションを行うことができることが最大の特長だと考えます。

　また，下回生で様々なスポーツに関する勉強をする中で，何が自分の興味のあることなのかを探り，上回生でその興味のあるコースに進み，その分野についてさらに詳しく追求できるシステムも立命館大学スポーツ健康科学部の良さであると考えます。

7．Professional Master of Science in Athletic Training Program に進学後，GAT プログラムについて（GAT プログラムの良し悪しや存在意義等について）どのような考えを持ちましたか？

　GAT プログラムの特長として，大きく3つあると考えます。

　1つ目に，立命館に在籍の3年半で必須条件を満たすことで，そのまま提携校の大学院のアスレティックトレーニングプログラムに進学できることです。アスレティックトレーニングプログラムの修士号を取得する最短経路であり，コストと時間の短縮に繋がります。時間が短縮される分やるべき内容が凝縮されるため，高いモチベーションが必要となります。私が GAT プログラムに加入した当時は提携校が ESU のみでしたが，今後は提携校が増える見込みであるため，そこも今後の強みになっていくと期待しています。

　2つ目に，GAT プログラム step-up course が高い基準で設定されていることが挙げられます。上でも述べたように，大学院アスレティックトレーニングプログラムに最短で入学するために，それ相応の準備が必要です。当然ですがアメリカで授業を受ける際は英語を使います。その訓練も兼ねて，2回生で受講するアスレティックトレーニングの基礎に関する授業，その中でのディスカッションを英語で行います。新しい内容を第二言語で学ぶのは想像以上に大変で，言いたいことや聞きたいことも上手く話せず，かなりもどかしいですが，今となっては必要な時間だったと思っています。また大学院での授業をスムーズにかつ，ある程度の主導権を握りながら受講できる力をつけるためにも，最新の知見・情報を交えた高いレベルの授業が GAT プログラムのカリキュラムの一部として組み込まれています。それらの"準備"が GAT プログラムの step-up course で満たすことができると考えます。

　3つ目に，実習経験の場が挙げられます。日本で高い競技レベルを誇る立命館の体育会クラブで実習させていただけるのは非常に貴重な経験です。そこで，実際にアス

レティックトレーナーがどのような仕事をしているのかを見させていただき，果たして将来自分が同じような仕事をしたいのかを確かめる機会になります。さらに国外インターンシップとしてハワイに行き，大学と高校でのスポーツを見させていただく機会もあります。様々なスポーツ，レベル，場所で実習の経験ができるのも GAT プログラムの素晴らしい点の 1 つであると考えます。

8．アメリカの大学院での授業および実習での経験（最も印象に残っていること，嬉しい出来事，大変苦労したこと等）を教えてください。

　ESU での 2 年間の大学院生活は，あっという間に今まで過ごしてきた 2 年間で一番早かったです。同時に濃い 2 年間でもあり，様々な経験をしました。やはり最初の 2，3 カ月は大変でした。何もかもが新しく分からないことばかりで，その上英語の問題もあって精神的にかなり鍛えられました。

　印象に残っていることは，2 年目の秋セメスターでインターンをしていた学校がフットボールで全国大会の準々決勝まで行った時のことです。その学校のアスレティックスで全国大会の準々決勝まで行くのは史上初らしく，その瞬間に立ち会えたことは非常に誇らしいことです。インターン最終日にはヘッドアスレティックトレーナーの方から "私ならあなたを雇うよ" と言ってもらい，フットボール担当のアスレティックトレーナーの方からは "このインターンが今までの中でベストだった" と言っていただきました。今でもその言葉は宝物です。

9．アスレティックトレーナーとしてあなたのキャリアゴールについてお聞かせください。

　現在私が抱えているキャリアゴールは大きく 2 つあります。

　1 つは日本の大学または高校に学生アスリートを医療や経済の面で支えるアスレティック管理局を作ることです。具体的には学生アスリートの怪我の予防やリハビリ，選手の健康状態の把握，また奨学金制度の導入などです。現在，日本ではそういった体制が整っている学校は数えるほどしかありません。したがって，アスレティック管理局のモデルを作ることで，部活や試合中に起こりうる，防ぐことのできる怪我や事故の予防，さらに日本でのアスレティックトレーナーのマーケティングを増やすことにも繋がると考えます。単にアメリカのモデルをそのまま導入しようとするのではなく，日本の規模，文化，法律に合わせた独自のスタイルのものを作りたいと考えています。

　2 つ目は，現時点では抽象的なゴールですが，何かしらの分野に特化した自分だけ

の強みを持ちたいと考えます。まだ勉強することだらけの私にはそれが徒手療法，栄養，リハビリのエクササイズ，はたまた全く別のアプローチなのか分かりません。これから勉強をし，経験を積む中で，自分の強みを1つ見つけていきたいです。

10. **これから ATC を取得してアスレティックトレーナーを目指している GAT プログラムの後輩にメッセージをお願いします。**

　私はつい最近（2019年5月），アスレティックトレーニングの認定試験に合格し，GAT プログラム第1期生として，このプログラムが ATC を取得できる確かな道の1つであることを証明することができました。この先 GAT プログラムを通して ATC を取得しようと考えている方々には，自信を持ってこのプログラムで突き進んで欲しいです。今後，プログラムで時間を過ごす上で，様々な壁に必ずぶつかりますが，"なぜ ATC を取得したいのか"，"なぜアスレティックトレーナーとして働きたいのか"，それらを明確にし，志高く保つことができれば，どうにでも乗り越えていけます。もしもそれらを明確にすることができず，自信がないのであれば，別の興味のある分野を探せばいいと思います。GAT プログラムでは，自分が何をしたいのか，本当に ATC を取得したいのか，そういった将来の自分を探す機会としても有意義な時間が過ごせるのではないかと思います。

　これからますます GAT プログラムが発展し，同じ出身者が増えていくことが楽しみです。みなさん，自分色に染めた，後悔のない人生を過ごしましょう‼

山本　和広　GAT プログラム2期生。ESU 大学院2回生。

1. **アスレティックトレーナーになろうとしたきっかけを教えてください。また ATC という資格を知った経緯（いつどのように知ったのか）を教えてください。**

　もともと小中高とサッカー漬けの日々を過ごしていて，中学校くらいまではサッカー選手になりたいと本気で思っていました。しかしいざ高校でサッカーの名門校に入学するとチームメイトとの差に愕然とし，自分がたいしたことないと思い知らされました。それでもサッカーは好きでサークルなどで続ける選択肢もありましたが，ゆるく楽しんでいる先輩などに違和感があり，本気でサッカーに関われる仕事がしたいと思うようになりました。そんな時きっかけになったのが，部活についてくださってい

たアスレティックトレーナーの方。選手を一番近くで支えるというところに憧れ，ア
スレティックトレーナーを目指すことに決めました。

　立命館に入学する前から ATC という資格があることは知っていましたが，アメリ
カの資格ということくらいでそれ以上はよくわかっていませんでした。どんな資格か
理解して目指し始めたのは大学入学後で，国内外で活躍されているアスレティック
トレーナーの方々にお会いして話を聞くうちに惹かれていきました。

2．なぜ立命館大学スポーツ健康科学部を選択したのですか。また，大学への進路選択時に，候補にあがった大学と学部，および実際にオープンキャンパス等に参加した大学を教えてください。

　大学探しは"アスレティックトレーナーの資格を取得できる大学"を基準にしてい
ました。出身が関東だったこともあり，早稲田大学スポーツ科学部，順天堂大学スポ
ーツ健康科学部，法政大学スポーツ健康学部などを主に志望校として考えていました。

　その大学探しの最中，たまたま見つけたのが立命館の GAT プログラムでした。当
時受験勉強を通して英語が好きになったこともあり，立命館大学スポーツ健康科学部
を受験することに決めました。「英語でアスレティックトレーニングの勉強してみる
のも楽しそう」というような軽い気持ちだったと思います。

3．GAT プログラムを知った経緯について教えてください。

　大学をインターネットで探しているときに，「アスレティックトレーナー　資格
大学」と検索して出てきたのが GAT プログラムのページでした。そのときは現在の
GAT プログラムに移行する前で，日本にいながらアメリカの資格が取得できるとい
うものでした。アメリカの大学院に進学する現在のプログラムだったら入る勇気はな
かったと思います。

4．立命館大学スポーツ健康科学部生時代に印象に残っている出来事や大変苦労したことなどがありましたら，教えてください。

　苦労ばかりの大学生活だったと振り返って思います。特に大変だったのが大学院に
進学するための TOEFL の勉強と GAT の授業。TOEFL は 3 回生の始め頃に基準点を
クリアしたのですが，それまでずっと頭から離れませんでした。1 年間全く点数が伸
びなかったこともあり，アメリカに行けないかもしれないというプレッシャーをずっ

と感じていました。そのため基準点をクリアしたときはとても嬉しく、すぐに両親や GAT でお世話になっていた先生や事務の方に報告しに行ったのを鮮明に覚えています。

　GAT の授業もとにかく大変で、初めのころ 1 ページ30分以上かかる英語の教科書を一週間に50ページ近く予習していました。授業の課題やプレゼンの準備と並行して受講していたので、忙しすぎてほとんど記憶がありません。最後に受講した解剖学の授業は、課題の量とレベルの高さについていくのに必死で、とにかく早く終わってほしいとだけ思っていました。それでも数少ないクラスメイトと励まし合いながら毎回授業に臨んだのがとても印象に残っています。

5．あなたにとって GAT プログラムとはどのような存在でしょうか？

　高校生のときには見えていなかった世界を教えてくれ、大きく変わるキッカケをくれた場所です、GAT プログラムを通して、国内外で活躍するアスレティックトレーナー（ATC）の方々をはじめ、様々な方にお会いする機会を頂きました。高校までは大学を出て就職するのがあたりまえだと思っていましたが、GAT で出会った方々の多くはあたりまえに縛られず、目標に向かって新しい道を切り拓いてこられた方ばかりで、「もっと自由でいていいんだ」と思うようになっていきました。それは同期の学生や先輩達からも同じで、やりたいことに向かって前に進んでいく姿にとても影響を受けました。

　高校卒業直後はアメリカでアスレティックトレーナーを目指しているなんて想像もしませんでしたが、それも GAT で出会ったたくさんの人達のおかげだと思います。

6．立命館大学スポーツ健康科学部の良さについて、学部生時代に感じたことおよびアメリカの大学院に進学した後に実感したことを教えてください。

　学部にいた頃からアットホームな雰囲気が学部の良さだと思っていましたが、アメリカに来てからは特に強くそれを感じています。ESU の先生もとても親身になってサポートしてくれていますが、スポーツ健康科学部の縦横の繋がりや一体感はなかなか作れないと思いました。

　GAT の岡松先生（こんな呼び方したことありませんが笑）には特にお世話になり、よく急にオフィスにお邪魔しては何時間も 2 人で話をしていました。Athletic Training のいろはから英語のこと、人生観まで様々なことを教えてもらい、Athletic Trainer

としての礎を築いてくれました。今アメリカにいるのは岡松先生のおかげだと大変感謝しています。

山本和広氏

　また，事務の段松さんは多忙な中いつも気にかけてくれ，小さな変化に気づいてはよく声をかけてくれていました。GAT の授業で苦戦しているときも相談に乗ってくれ，事務の面だけでなく精神的にも大きくサポートしてくださいました。

　先生方や事務の方々が親身になって応援してくれる環境で，3 年間学生として過ごせたのはとても幸運だったと思います。

7．Professional Master of Science in Athletic Training Program に進学後，GAT プログラムについて（GAT プログラムの良し悪しや存在意義等について）どのような考えを持ちましたか？

　ATC の資格取得を目指す場合，渡米してから数年を語学勉強や必要単位の取得にあてるのが一般的ですが，大学院に直接入学しても授業や実習についていけたのは GAT のおかげだと思います。他のクラスメイトは解剖学などの授業を受けてから期間が空いていることもあり，授業に関してはむしろ少しリードしているような状態でした。立命館で最後に受講した GAT の授業より大変な授業はアメリカに来てからありませんでした。英語に関しても同じですが，大学院での学びに向け，徹底的な準備ができる環境だったと思います。

8．アメリカの大学院での授業および実習での経験（最も印象に残っていること，嬉しい出来事，大変苦労したこと等）を教えてください。

　最初の実習先だった高校で，初めて重症の怪我を見る機会がありました。その日はアメリカンフットボールの試合に帯同していて，ハーフタイムまでの残り数秒のことでした。接触プレーから相手チームの選手が怪我をし，耳と鼻から大量に出血していました。頭蓋骨骨折や頸椎損傷が疑われるため一刻も早く救急搬送すべきでしたが，

相手チームのアスレティックトレーナーはその状況に気が動転してしまい、仮にも適切な処置とは言えませんでした。

　もちろんそれはアスレティックトレーナーの責任であり言い訳はできませんが、もし自分の立場だったら、極度の緊張感の中、泣き叫ぶ選手を落ち着かせ状況をコントロールし、冷静に対応できたのか。自分がこれから進もうとしている道が選手やその家族の人生を変えるかもしれないこと、自分の知らないできないが人の生死にかかわることを強く実感する経験でした。

9．アスレティックトレーナーとしてあなたのキャリアゴールについてお聞かせください。

　現在の目標はシルク・ドゥ・ソレイユで働くことです。日本ではまだ一般的ではありませんが、アメリカではダンスなどの「パフォーミングアート（身体芸術）」の現場でもアスレティックトレーニングが普及してきており、なかでもシルク・ドゥ・ソレイユは Performing Arts Medicine を大きくリードしている団体の１つです。その一員となり、世界中を回るなかで幅広く医療に触れ、１人の Clinician として多くのことを吸収し、臨床の力を身につけていきたいと考えています。

　芸道の心得に"守破離"という言葉がありますが、卒業後はアスレティックトレーニングという型を徹底的に"守る"時期だと考えています。そうして身につけた知識や技術で、いつかは"型破り"と呼ばれるような自分らしさが出せるようになり、最後は型から"離れ"１人の Clinician として新たな価値や働き方を提案できたらと思っています。それが広く受け入れられ、アスレティックトレーニングがアスリートに限らず、多くのひとを笑顔にできることが今の一番大きなキャリアゴールです。

10．これから ATC を取得してアスレティックトレーナーを目指している GAT プログラムの後輩にメッセージをお願いします。

　ESU に行くことができたのは、環境に恵まれ、多くの方々にサポートして頂けたおかげだと思っています。もちろん自分が努力したのもありますが、家族の理解とサポートを得られ、立命館で良い出会いがたくさんできたのは幸運でした。

　もし GAT としてアメリカに留学できなかったとしても、必死に努力した事実や、GAT を通して出会う人たちとの繋がりは、自分を大きく変えるキッカケとなると思います。選手との関わりがなかなか持てなかったり、授業についていくのが大変だったりで、楽しいと思える瞬間が少ないかもしれませんが、自分がワクワクする方向に

向かって是非頑張ってみてください。

　アメリカで選手と関わる時間はとても特別で，頑張ってきて良かったときっと思えるはずです。

■■■

谷山　大季　GAT プログラム 2 期生。SU 大学院 2 回生。

1 ．アスレティックトレーナーになろうとしたきっかけを教えてください。また ATC という資格を知った経緯（いつどのように知ったのか）を教えてください。

　小学生から高校生までにたくさん怪我をしてきて，柔道整復師の方にお世話になり，トレーナーという仕事が面白そうだなと高校生の頃に思っていました。その頃に母の知り合いを通じて，あるアスレティックトレーナーの方に出会うことができました。これが私とアスレティックトレーナーとの最初の出会いです。大学に入ってから数年は将来アスレティックトレーナーを目指すのか他の道に進むのか悩んでいました。しかし，授業や大学 3 年生から始めた学生トレーナー活動を通して立命館大学で働かれているアスレティックトレーナーの方々と深く関わるようになりました。アスレティックトレーナーの方々の間近で活動し，学ぶことができた経験は私の進路を決める上で大きな出来事でした。

2 ．なぜ立命館大学スポーツ健康科学部を選択したのですか。また，大学への進路選択時に，候補にあがった大学と学部，および実際にオープンキャンパス等に参加した大学を教えてください。

　高校生の頃に大学ではスポーツについて学びたいと考えており，筑波大学体育専門学群と立命館大学スポーツ健康科学部が進路の選択肢としてあがっていました。私の高校に立命館大学の職員の方が説明会に来てくださり，とても印象が良かったことを記憶しています。筑波大学にはご縁がなく，悩む選択肢なくご縁のあった立命館大学スポーツ健康科学部に入学しました。

3 ．GAT プログラムを知った経緯について教えてください。

　入学後 GAT プログラムについての説明があり，知りました。

4．立命館大学スポーツ健康科学部生時代に印象に残っている出来事や大変苦労したことなどがありましたら，教えてください。

　大変印象に残っており，苦労したのは卒業論文です。知識も人としても未熟な私はたくさんの壁にぶつかりました。私の在籍していたゼミの教授である伊坂先生，私の卒業論文の面倒を見てくださった寺田先生，当時のゼミの院生やゼミ生，沢山の方々に支えていただき卒業論文を完成させることができました。卒業論文を通して人として成長できたと思います。

5．あなたにとって GAT プログラムとはどのような存在でしょうか？

　私の進路選択に光を与えてくれた存在です。私は人生の様々な選択肢がある状況でどの道に進むか悩んでいました。その時に GAT プログラムが Spalding University の AT program に入ることを後押ししてくれました。

6．立命館大学スポーツ健康科学部の良さについて，学部生時代に感じたことおよびアメリカの大学院に進学した後に実感したことを教えてください。

　様々な設備が整っていることは立命館大学スポーツ健康科学部の素晴らしい点の1つであると思います。学部生としての卒業論文作成時にとても高価な機材を用いて実験させていただけたことはとても貴重な経験です。また，スポーツ科学，健康，スポーツビジネス，教育と様々なことを学べたことは知識や選択肢の幅が広がったという点で良かったです。さらに，教授，職員の方々との距離が近くたくさん直接お話しできることは立命館大学スポーツ健康科学部ならではの素晴らしい点だと思います。

7．Professional Master of Science in Athletic Training Program に進学後，GAT プログラムについて（GAT プログラムの良し悪しや存在意義等について）どのような考えを持ちましたか？

　Athletic Training の基本を立命館大学で教えていただき，その学習を通じて人としての考え方や，学ぶ姿勢等も在学中の4年間で身に付けることができました。立命館大学で学んだ基礎や得たものはアメリカでの学びに大きな影響を与えています。また，同じアスレティックトレーナーを志す同世代が身近にいることも刺激的であり，協力し合えることも GAT プログラムの良い点であると思います。

8．アメリカの大学院での授業および実習での経験（最も印象に残っていること，嬉しい出来事，大変苦労したこと等）を教えてください。

谷山大季氏

　まだまだ英語の苦労は絶えないですが，最初の方は英語に本当に苦労しました。私がいる SU はケンタッキー州ルイビルにあり，南部なまりの英語を話す人がたくさんいます。そのアクセントに聞きなれるまで大変苦労しました。実習で印象に残っているのは，初めて怪我の評価を行った時です。とても緊張をしていたのを覚えています。こんなにも自分は緊張できるのかと自分でおかしく思ったと共に，もっと練習してもっと自信を付けないと！と自分自身が思わされた出来事でした。

9．アスレティックトレーナーとしてあなたのキャリアゴールについてお聞かせください。

　日本でアスリートが安全にスポーツをできる環境を作る！ということが遠大ですが私の目指すキャリアゴールです。この目標に近づくために，自分自身の当面のポジションで，具体的な目標を定め，行動し，キャリアゴールに日々近づいていきたいと思います。

10．これから ATC を取得してアスレティックトレーナーを目指している GAT プログラムの後輩にメッセージをお願いします。

　私は将来進みたい道が分かるまで時間がかかりました。色々経験し考えた結果，現在アメリカでアスレティックトレーナーを目指して勉強しています。私が今進んでいる道は過去の選択により開かれた道です。過去の私の選択を良いものにするのも悪いものにするのも，今の私の行動次第です。キングコング西野さんの言葉を引用しますと，「過去は変えることができます」。つまり今の生き方次第で過去は変えられるのです。ですので，挑戦することを怖がらず，立命館大学で学べることに感謝して，今を楽しんで過ごしてください！

（3名へのインタビューは2019年9月に行いました。所属等はインタビュー当時のものです。）

GAT プログラム提供校からのメッセージ

■East Stroudsburg University

アスレティックトレーニング学部 学部長 准教授

Gerard D. Rozea

Athletic Training is an exciting allied health field which places the athletic trainer in a position of substantial challenge and responsibility. With the competencies and skills developed through education and experience at East Stroudsburg University, a certified athletic trainer is in a unique position to coordinate the athletic health care delivery system and help it function smoothly. The athletic trainer directly provides athletic training services including injury prevention, injury evaluation, medical referral, emergency and follow-up care, and injury rehabilitation.

The expectations of today's athletic trainer are varied and stimulating. The care of the physically active must be entrusted only to those who have adequate preparation. Outside agencies at both the state and national levels provide mandates for athletic training programs such as the one here at East Stroudsburg University. Accordingly, the Department of Athletic Training and the entire ESU faculty is committed to excellence. Our objectives are to provide the student with a body of knowledge and the practical skills which not only meet, but exceed, the state and national standards.

The Athletic Training Program is housed within ESU's College of Health Sciences. For decades, our school has enjoyed a position of national prominence and recognition. In large part, the success of this and other programs within the College of Health Science due to the strength of a faculty with professional expertise and genuine enthusiasm.

In Athletic Training, your academic and laboratory experiences will include instruction from recognized experts in athletic training, exercise physiology, kinesiology and biomechanics, the psycho-social aspects of sport, management and administration, coaching, and medicine. The athletic trainers currently teaching in the ATEP bring decades of combined clinical experience in athletic training and sports medicine to the teaching/learning environment. Consider also that few institutions can provide a student with athletic training experience in a program which includes over eighteen intercollegiate varsity sports for men and women and affiliation agreements with high schools, colleges and universities and sports medicine facilities within driving distance of the campus.

Are You Interested In ...
· Preventing, recognizing and treating sports injuries?
· Working with athletes and physically active people?
· Learning things "hands-on" and solving "real-life" problems?

Choose a Career in Athletic Training at ESU
· Nationally accredited or approved program since 1975
· Help physically active overcome injury
· Become certified eligible in an Allied Health Profession
· Provide care before, during and after sports injury
· Clinical experiences start your first fall semester
· Qualify for graduate assistantships that PAY YOU to learn
· Advanced degree opportunities

The Professional Practice Master of Science degree in Athletic Training is designed to enable the post-baccalaureate student the opportunity to demonstrate entry-level competency as an athletic trainer while exhibiting scholarship and advanced competency in specific areas of the sports medicine community. East Stroudsburg University has a national reputation for athletic training education, a status built primarily upon the professional contributions of our graduates and a tradition which is proudly represented nationwide in high schools, colleges, universities, professional sports, sports medicine clinics, and a variety of other healthcare networks/organizations. For more information regarding the program, please contact Dr. Gerard Rozea, Department Chairperson, Athletic Training Department, grozea@esu. edu.

アスレティックトレーナーは多大なチャレンジと責任が伴う医療従事者です。怪我予防，怪我の評価，適切な専門家・医療機関への紹介，緊急対応・応急処置やその後のケア，怪我のリハビリテーションを含むアスレティックトレーニングのサービスを提供しています。

East Stroudsburg 大学（以下 ESU）での教育と臨床経験を通して培った能力と技術で，アスレティックトレーナーとして医療とスポーツ現場を繋ぎ，スポーツ選手が適切な医療を円滑に受けられるための「医療の窓口」としての役割を果たしていけるようになります。

こんにちのアスレティックトレーナーへの要望と期待は多様化しています。身体活動が活発な人々への治療は十分な準備をした人に委ねられるべきで，州だけでなく国家レベルでの外部機関が ESU にあるようなアスレティックトレーニングプログラムの設置を義務付けています。そのため，アスレティックトレーニング学科と ESU の全教員は卓越した教育を提供できるように取り組んでいます。私たちの目標は州基準・全国標準を上回るレベルの知識と実践的なスキルを学生に提供することです。

ESU の健康科学部にアスレティックトレーニングプログラムは属しています。数十年に渡って，ESU は国内の大学の中でも卓越した有名な大学として知られてきました。本プログラムに限らず健康科学部の他のプログラムが成功している秘訣と強みは，プロフェッショナルな専門知識と熱意を持った教員が多数いることです。運動生理学・運動機能学・バイオメカニクス・アスレティックトレーニング・心理社会面からみるスポーツ・マネジメント・運営・コーチングや医学など様々な分野で活躍している著名な専門家が，本プログラムの授業や実習を教えています。現在，本プログラムで指導しているアスレティックトレーナーは，スポーツ医学やアスレティックトレーニング分野で培った経験を生かして教育に携わっています。

また，18種目以上の男女の大学内スポーツに加え，ESU 周辺にある高校，スポーツクリニックや大学とも提携して，様々な環境でアスレティックトレーニングの経験を積める大学はアメリカ国内でも ESU を含め数えるほどしかありません。

あなたはこんなことに興味がありますか？
・スポーツ外傷・障害の予防や評価，治療
・スポーツ選手や身体活動が活発な人々と関わること

・実践しながら学ぶことや日常生活
　で起きている問題を解決すること

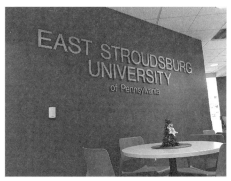

アスレティックトレーニング分野を仕
事として選ぶなら ESU がオススメで
す。なぜなら,
　・1975年から続いているアメリカ公
　　認のプログラムがある
　・身体活動が活発な人々が怪我を克
　　服する手助けができる
　・医療専門家の認定資格を得られる
　・スポーツ外傷・障害が起きる前・
　　間・後で治療を行うことができる

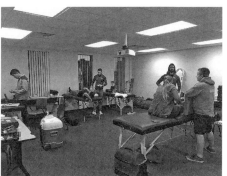

　・プログラムに入って初めての秋学
　　期から臨床経験が積める
　・手当てを貰いながら学べる grad-
　　uate assistantship という制度に
　　応募ができる
　・博士号が取得でき, 更に学べる機
　　会がある

　本学のアスレティックトレーニング専門修士号課程では, 大学を卒業した学生にアス
レティックトレーナーとして必要なエントリーレベル（入門レベル）の能力や技術を身
につけられるだけではなく, スポーツ医学の中でも更に特化し, 発展した能力や技術・
学業を学ぶことができます。
　ESU にはアスレティックトレーニング分野において国内屈指の教育プログラムがあ
るだけでなく, 卒業生が築き上げた成果や貢献からなる確立された地位, 国内の高校や
大学, プロスポーツ, スポーツクリニックなど多岐に渡り活躍するアスレティックトレ
ーナーを育成してきた伝統があります。

　更に詳しい情報が必要な場合は, アスレティックトレーニング学部長の Gerard
Rozea 博士 grozea@esu. edu までお問い合わせください。

（下澤結花　訳）

■Spalding University

ヘッドアスレティックトレーナー
Jun Matsuno (松野 純)

I am very pleased to say that Ritsumeikan University Sports and Health Science Program and Spalding University MSAT Program now have an agreement on Athletic Training Education. I am honored to be part of this relationship.

Our first student from Ritsumeikan, Daiki Taniyama, has been very active as a first year Athletic Training Student, and he is heading strong into his second year in the program. It is a great challenge to study and getting clinical experiences in the United States as a non-native English speaking student, especially in a graduate level program. His reputation on campus is very impressive and makes me proud. He is always positive and hardworking in class and clinicals. He now looks very confortable in class, and I see him joking and goofing off sometimes with his classmates.

As I observe Daiki, the program he went through at Ritsumeikan buit a strong foundation for him to study Athletic Training in the United States. Being able to comprehend and analyze research articles and practice critical thinking during class is usually very hard tasks for Japanese students, however he has already gained those skills.

The Sports and Health Science Program and its Global Athletic Trainer Program are the programs that many Japanese ATs were wishing to have when they were a student, including me. I hope that Ritsumeikan students who want to be an AT or current GAT Program students utilize it and start the progression toward making the dream become a reality before coming to the US.

It will be a challenge to study and work as an AT as a non-native speaker. However, people are always watching your hardworking, positive attitude in class and clinicals, and your professionalism and care for athletes and patients.

I feel that at the end of the day soft skills, including communication and inter-personal skills, are the most important to practice Athletic Training. I learned a lot when I was a student at Ritsumeikan through all of the activities I participated in as a student and student-athlete and from all other extracurricular activities. So please do not miss any opportunities to learn and try to get out of your comfort zone.

Spalding University is located in Louisville, Kentucky. SU MSAT program offers inter-professional education with other allied health programs on campus. We will provide student centered learning opportunities to all students to be able to pass the BOC in 2 years and achieve a career goal as an athletic trainer. As a faculty and Ritsumeikan alumni, I look forward to working with the Ritsumeikan University GAT program students to come to Spalding University and start career as an athletic trainer.

　立命館大学サービスマネジメントインスティテュート卒業生の松野です。この度は，立命館大学スポーツ健康学部と Spalding University（SU）Master of Science in Athletic Training Program が協定を締結できたことを大変嬉しく思います。

　SU の 1 期生である谷山大季くんも 1st Year Athletic Training Student として学内外において活躍し，これから 2nd Year（最終年）に入ろうとしています。言語や文化の違うアメリカのキャンパス，ましてや大学院の Athletic Training プログラムの中で授業や実習を毎日こなすのは並大抵の努力ではできないと思います。同じキャンパスにいる日本人としてよく谷山くんのことが耳に入りますが，彼の頑張りと授業に対する姿勢を教授陣も大変感心しています。今ではクラスメイトとも打ち解けて冗談を言い合う姿をよく見かけます。

　谷山くんを見ていると，立命館大学スポーツ健康科学部での授業がこちらでアスレティックトレーニングの授業を受ける上での大きな基盤になっていると感じます。論文の読み方やアメリカで重要視されるクリティカルシンキング*を実践できているというのは大変素晴らしいことだと思います。

このようなプログラムが日本の大学にあるということを大変羨ましく思います。アスレティックトレーナーを目指している学生や現在 GAT プログラムで頑張っている学生は是非この環境を存分に利用して，日本にいる今からアスレティックトレーナーになるための道を歩み始めてください。

渡米後，異文化の中で勉強したり働いたりする時はいつもマイナスからのスタートです。でも，他のクラスメイトより努力する姿勢，授業や実習に対する取り組み方，そしてアスリートや患者さんへの気配りを皆は見ています。

アスレティックトレーナーとして働く中で，やはり一番大事なのはコミュニケーションや協調性を含むソフトスキルだと感じます。私自身，立命館大学の授業やゼミ，スポーツ等の課外活動から学んだことが多々あります。学生の皆さんは，学ぶ機会を逃さないよう積極的に物事にチャレンジしてください。

最後になりましたが，Spalding University（SU）はケンタッキー州ルイビルにある大学です。MSAT プログラムでは学内の他の医療系学部と協力して専門職間連携教育を目指し，個々の学生と向き合いながら 2 年間で ATC の資格取得，そしてその後のキャリアゴールを実現させることを目標としています。これから GAT の資格プログラムの学生が Spalding University で学びアスレティックトレーナーとしてフィールドに立つことを教員として，そして卒業生として楽しみにしています。

＊クリティカルシンキング（批判的思考）　その時点における「最適解」を導き出すために，目の前にある事象や得た情報を鵜呑みにせず，その事象や情報が「本当に正しいのか」と疑問を持ち，考えを深めていきながら課題を解決していく思考作業。

第4章　国家試験，その先を目指して

国家試験受験にむけて

East Stroudsburg University（ESU）大学院に留学して1年半が経った。アスレティックトレーニングの国家試験（Board of Certification: BOC）まであと4カ月。ニューヨークでの2度目のクリスマスパーティからペンシルバニアに戻るバスの中，僕の隣には1年前に出会ったヒロさんに加えて，7月より広小路大学スポーツ健康科学部のGATプログラムを通じて留学してきたタイガーが座っている。タイガーは正真正銘の日本生まれ日本育ちだが，面白いことに名前の藤堂大河からニックネームはタイガーと呼ばれている。そんなアメリカンなあだ名を持っている彼も，ESUの大学院課のチャーリー・ビーバーの仲介で同じ屋根の下で暮らしている。

未だに苗字も知らないヒロさんには，事あるごとにお世話になっていて，最近は卒業後の進路（インターンシップ）について，よく相談に乗ってもらっている。日本に帰国する前に，一度は大学のトップレベルを経験してみたい気持ちもあった。NCAAディビジョンⅠの上位校になると，インターンシップの締め切りも早く，年が明けた1月には願書が締め切られる学校も多いので，秋学期は願書に必要な書類の作成を授業／現場実習と並行して進めていた。

ニューヨーク州とニュージャージー州の間に流れるハドソン川の川底トンネルを抜け，マンハッタンの摩天楼が遠ざかる中，ヒロさんは留学生である僕らに向けて多くのアドバイスをしてくれた。

「インターンシップ先の選択には2つの道があると思うんだよ。もしタケシがアメリカに残りたいなら有名な大学でインターンをすることだな。それができたら，その大学の名前が就職に有利に働く場合があるから，どこでもいいから有名な大学でインターンする。それがフットボールなら，さらにレジュメ（履歴書）的にもいいしな。そしてもう1つは，小さい大学でもクリニックでもいいから，1年のインターンシップが終了した時点で正式に雇用してくれるチャンスのあるサイトでインターンしてH-1ビザ（就労ビザ）を手に入れること。このどちらか決めることが先決だよ。俺は後者の選択を勧めるよ。就労ビザさえ出してしまえば，転職もできるしね。また3年後に更新できれば，6年間はアメリカにいられるからな」と，外国人ならではの就職の難しさを経験し，ビザ取得の知恵を身に付けているヒロさんの言葉には説得力があった。

　すでに900時間を超える現場実習を終え，僕はオーナーのために働くアスレティックトレーナーではなく，まだまだ人間として未成熟な学生に対して教育的側面をもつ大学や高校のアスレティックトレーナーに憧れを抱いていた。ただ現実的には，まず就労ビザが取得できる環境に自らを置かなければ，１年のインターンシップが終わると同時に，日本に帰国しなければならない。当然ながら例外はない。

　インターンシップ先を探すことと並行して，アスレティックトレーニングの授業／現場実習と国家試験の受験勉強もしなければならない。５月の大学院卒業前に国家試験を受けることができるが，インターンシップが始まる８月までに国家試験に合格し，ATC（Athletic Trainer, Certified）資格を取得できなければ，当然国外退去となり，日本に帰国しなければならない。単位を落としてしまえば，その時点で大学院を卒業することすらできなくなり，ATC資格は発行されない上，就職もできなくなる。

　それだけではない。アスレティックトレーニングプログラムの卒業率や国家試験合格率などはESUのプログラムの評価にも影響を与えることになり，初回合格率が70％を下回ると，プログラムは「お取り潰し」の指導を受けることになる。プログラムのために国家試験に合格しなければならない，家族のために合格しなければならない，GATプログラムや広小路大学のために合格しなければならない。

　昨年の秋，僕の留学をことあるごとに自慢してくれていた祖父が急死した。連絡をくれた母親に，最後にもう一度祖父の「寝顔」を見るために一時帰国したいことを伝えると，

　「おじいちゃんは，本当にタケシが帰ってきてくれることを望んでるかしら？　帰ってきたら，おじいちゃんはこういうんじゃない？　『タケシ，お前が留学した目的を見失ったのか？　帰ってくる時間があれば，勉強して目標を達成しなさい！　夢を叶えなさい！』って言うに違いないわ。だからタケシ，あなたはアメリカに残って，あなたのしなきゃならないことをしてください。あなたの想いはきっとおじいちゃんに伝わっているわ」

　そうして多くの人々に支えられて国家試験受験の権利を得るまでたどり着いた。祖父を含め支えてくれた家族，高校・大学の先生達，留学してからお世話になった方々のためにも国家試験に合格しなくてはならない，と「勝たなければならない」プレッシャーを感じていた。

　４月14日の受験まであと１週間，インターンシップ先はまだ見つかっていない。１月から20以上のインターンシップ先に応募書類を送っているが，全て書類選考で落とされていた。ここまで相手にされないと，さすがに気分も乗らない。そんな低調なイ

ンターンシップ探しが続いても，国家試験の受験日は刻一刻と迫ってくる。

　インターンシップ先のことも，少し相談したかったし，少し気を紛らわせようと，久しぶりに松岡先生とスカイプで話をした。

「遂に来週 BOC を受験しますよ！」と一言伝え，「松岡先生，僕がここまでたどり着けるなんて，入学した時は全く想像できませんでしたよ。家族や松岡先生ら広小路大学の先生方，オアフ大でお世話になった方々，ESU の先生や現場実習先のプリセプター*の方々，本当に多くの人に支えられてここまでできました」と，感謝の気持ちを是非伝えたかった。

「タケシ，そう思ってくれるのは本当に教員冥利に尽きるわ。ありがとう。ありがたいけど，家族には連絡したか？　本当に感謝を伝えなアカンのは，家族やで。高校卒業するまで手塩にかけて育ててくれた家族にまず感謝しなアカン」と言われ，咄嗟に「家族には国家試験に合格した時に伝えます！」と答えた。

　すると松岡先生の声が一段と低く，少しゆっくりと「タケシ……，お前はほんまにえぇ奴やな。周りにも気を遣えるし，アスレティックトレーナーとしてもきっと成功するわ。お前をアメリカに『送って』大正解やわ。けどな，今から 1 週間だけは変わらなアカン。支えてくれた人に感謝するのはまた後でもいい。今はもっと『自分自身のため』に国家試験を受験しな。他人のために国家試験受験して，他人のために合格することも大切なのは理解できる。でも，心の原点を見つめ直してくれ。もっとワガママになって，タケシ自身のために合格したいって思ってくれ。その結果が合格やったら，今までお世話になった方々もみんなハッピーになるんやから。もう一度言う。他人のためとちゃう，自分のために合格しな！」

　いつしか周りのために「合格しなければならない」プレッシャーを強く感じていた僕を察した言葉に，ここまでたどり着けたことに無我夢中だった僕は目が覚めた思いがした。

合格発表

　国家試験は学校ではなく，テストセンターと呼ばれる受験会場で行われた。1 人一台パソコンが与えられ，4 時間をかけてアスレティックトレーニングに関する 5 つの

---

　*プリセプター　　臨床実習指導者（アスレティックトレーニングを学ぶ学生を臨床現場において指導および評価するアスレティックトレーナー。プリセプターは，臨床実習指導者研修会を修了することが義務づけられている。

分野から175問をすべてパソコン上で解答する形式だった。

　アメリカに留学してくる前に何度も受験をした TOEFL を思い出しながら「あの時は本当に TOEFL のスコアに一喜一憂してたなぁ。アメリカに来てからは，TOEFL の点が良くても悪くても誰も気にしーひん。けど，TOEFL の基準スコアをクリアできひんかったら，僕は今頃どこで何してたんやろ？」と受験会場で回想にふけっていたくらい緊張とは無縁の受験だった。

　Spalding University（SU）に留学をしているユウキとウィルミントン大学に留学しているマサも前後して国家試験を受験していた。彼らも僕と同様インターンシップ先が決まっておらず，何かと先行きへの不安もあり，何度も何時間も話をした。電話を切る間際はいつも決まって，「結局，今は待つことしかできひんな」という言葉で締めくくられた。

　受験票には「合否は受験日から 2 ～ 4 週間後にウェブ上で発表」と書かれていた。14日目以降，僕はドキドキしながらも暇さえあれば合否をチェックしていた。15日目，16日目と毎日何度も「14日目以降に発表されます」と，同じメッセージが表示される画面をチェックした。何十回とみていると，徐々にドキドキ感もなくなり，ただの日常作業のようになりつつあった。

　金曜日の現場実習が終わり，まだまだ快調な愛車ボイジャー号に向かいながら，いつものように国家試験合否チェックをすると，
「あなたが 4 月14日に受験した国家試験試験の結果は以下の通りです」と，日常のルーティンとなりつつあった国家試験ウェブサイトへの訪問で初めていつもと違う文面が目に入った。
「うわっ，マズい！　心の準備ができてない！」と思い，僕は咄嗟に目をそらした。
「さぁどうしよう……急にドキドキしてきたぞ。今ここで続きを見ようか。いや家に帰ってから見ようか」

　とにかく落ち着いた環境で結果を知りたいと思った。車に乗り込んだが，エンジンはかけず，静かな僕だけの空間だった。ふぅぅぅぅぅ～～～～。大きなため息を吐き，スマートフォンを握る右手に力が入る。オレンジの街灯に包まれた駐車場の光が照らす中，再びスマートフォンの画面が光り輝き，国家試験のウェブサイトに戻った。
『PASS』
「え……PASS？　PASS ってパスってこと!?」
　1 単語のみの合格発表だった。
「おっしゃあっぁぁぁぁっぁあぁぁぁ！」車内に響き渡る奇声が漏れることも厭わず，

いやすれ違う全ての人に「僕，たった今国家試験に PASS しましたぜぃ」と伝えたいほどだった。

日本との時差も考えず，すぐに家族に連絡をした。すべてはこの国家試験に合格することを目標にアメリカに留学してきた僕を，きっと天国で応援してくれているであろう祖父を含め，いつもサポートしてくれた家族に一番に伝えたかった。

同じ日，マサもユウキも合格していたことが分かり，広小路大学の同級生 3 人は誰 1 人欠けることなくアメリカ国内においてアスレティックトレーナー（Athletic Trainer, Certified: ATC）になることができた。

アパートメントに帰ると，何やら大音量で大勢の人でごった返していた。「あれ？　僕が国家試験に合格したこと言ってないのに，なんでパーティなんてしてるんやろ？」と不思議に思いながらドアを開けると，20 人くらいの見たこともない男女が，ビールが注がれたカップを片手に身体を上下に，首を前後に揺らしていた。タイガーの部屋をノックしたが，まだ帰ってないようだった。

松岡先生ほか，広小路大学でお世話になった先生方に報告のメールを書いていると，昨秋からのルームメイトの 1 人ファイゾン・スコットが「タケシ，身分証明書持ってる？　悪いんだけど，表に出てきて欲しいんだ。ちょっとうるさくし過ぎたみたいで，警察が来てるんだ。このアパートメントの住人ってことで，警察に『このアパートメントの住人は出てくるように』と言われてるのさ」と，国家試験に合格した祝いのパーティかと思えば，ただの騒音パーティで警察沙汰になっていた。

この騒音パーティに全く関与してない僕まで「なんで呼ばれなアカンねん」と苛立ちを覚えながらも，警察には逆らえないと，カバンから身分証明書を出していると，もう 1 人のルームメイト，デミトリアス・コールマンが「タケシはこのパーティに全く関わってないから，出てこなくていいよ。いつも勉強しているタケシに迷惑がかかっちゃいけないと思って，警察を説得したから，大丈夫！　タケシが帰ってくる前に他の場所に移動する予定だったんだけど，なかなか人が引かなくって……。本当にごめんな」と本当に申し訳なさそうな顔で謝った。

今まで，個人的に部屋の行き来もしたことがなかったけど，「なかなかいい奴らやん」と警察沙汰になった彼らに少しの友情心が芽生えた。これも国家試験に合格したハッピー心が許したのかもしれない。

パーティも終り，部屋が静まり返ったところで，タイガーが帰ってきた。「あいつ等さ，帰ってきたら知らん奴らいっぱい呼んで，パーティしててんけど，もう終わったんやな。ラップの音量めちゃめちゃうるさかったで。だから学校の勉強室に行って

きて，腹ペコペコや」と言うので，「うるさかったけど悪い奴らじゃないし，許した
ってくれよ」と，少しデリカシーの欠けたルームメイトをかばった。

　その晩，僕は先輩風を吹かせるように，タイガーを飲みに連れ出し，ケニーとも合
流した後で，何軒か梯子酒をしながら国家試験合格を夜遅くまで祝った。

卒業式

　両親が卒業式に出席するために，約束通りベツレヘムまで日本からやって来た。卒
業式の行われる５月上旬，朝晩はまだ少し肌寒いが，芝生に囲まれた街並みを吹き抜
けるそよ風が心地よく感じる。両親は小綺麗なジャケットに身を包み，少し背伸びを
しているように見える。

　アメリカの大学には入学式がなく，その代わり卒業式は家族だけでなく親戚一同で
出席してくるような，盛大なお祭りだ。卒業生１人ひとりが名前を呼ばれ，学長から
直接 Diploma（卒業証書）を受け取ると，それぞれ家族親族から我が子の名前を大声
で叫ぶ声が飛び交う。中には裏声や奇声が混じり，会場から笑いが起こることもしば
しばだった。

　最終的にクラスメイト６人全員が初回受験で国家試験に合格し，２年連続で合格率
100％を達成した。そんなおめでたい卒業式の日，僕のインターンシップ先はまだ決
まっていない。クラスメイトのケイティは卒業式のあとはゴルフ場のレストランを借
り切って，家族・親戚・友人を招待したパーティを開いた。

　僕と両親，そしてタイガーも招待されていたので，緑の芝絨毯で一面彩られたゴル
フ場にボイジャー号で乗り付けた。英語の話せない両親の通訳として僕がケイティの
言葉を訳すことになった。

「タケシは英語があんまり話せないのに，授業になったら誰よりも講義内容を理解し
てたのよ。私たちアメリカ人の学生はみんな『どうして？』って不思議に思ってたの。
でも，タケシが日本でしっかり土台を作ってから留学してきたって聞いて，みんな納
得したのよ」と，自分が褒められているコメントを小っ恥ずかしく通訳をしているの
を，タイガーが隣でクスクス笑って見ていた。

　国家試験に合格し，無事卒業もでき，両親が遠い日本から来てくれた嬉しさの反面，
今後のことが何も決まっていない焦りもあった。

「アメリカのことはよくわからんけど，仕事が見つからんかったら，いつでも帰って
来いよ」と，インターンシップと滞在資格のこと，仕事が見つからなければアメリカ

に残れない就労ビザのこと，日本に一度帰国すると再びアメリカに戻って就職することはほぼ不可能ということなど，‘こちら’の事情を解しない父の言葉に「ありがとう」と心の中で言った。三重県の田舎生まれの長男である以上，いつかは地元に帰るつもりだ。

「インターンシップが見つかったら，こっちに残るけど，見つからんかったら，7月くらいに帰るわ。卒業後60日以内に国外退去せなアカンねん」と，わざと空港のセキュリティゲートでの別れ際に伝えた。とにかく，あと2カ月以内にインターンシップ先かビザ申請をサポートしてくれる就職先を見つけなければ，国外退去になる。

　これまで30ほどのインターンシップ先に応募した。電話面接まで進んだのは2つ。最後のチャンスは6月末に開かれる National Athletic Trainers' Association（NATA）が主催するコンベンションだ。そこではキャリアセンターが開設され，現地で面接を行ってくれると，松岡先生からも聞いている。しかし，NATA コンベンションでの就職活動はあくまでも最後の砦だ。

　広小路3人衆の1人，マサは卒業して早々に日本に帰り，日本のクリニックで働くことが決まっている。ユウキも僕と同じく，インターンシップ先は決まっていないが，大学院（博士）に進学することも選択肢に入れている。僕がアスレティックトレーナーとしての経験を積む選択肢は OPT（Optional Practical Training: アスレティックトレーニングの学生として留学した場合，プログラム卒業後にフルタイムでアスレティックトレーナーとして1年間働くことができる制度）を使ってのインターンシップと就労ビザを取得しての就職のどちらかだ。国家試験に合格し，アスレティックトレーナーとしてようやくスタートラインに立った僕に，大学院への進学は考えられない。

　5月末，ユウキはアラバマ州の人口3000人ほどの小さな町にある学生数1000人ほどの小さな大学でのインターンシップが決まったと連絡があった。小規模の大学でもスポーツは盛んに行われ，男子バスケットボール部は何年か前には全国準優勝した強豪校だという。

　6月に入ると，インターンシップの募集も急に減り，今は3つの応募の結果を待っている状態だ。今はまだ日本に帰る気は毛頭なく，新たにアスレティックトレーナーとなったクラスメイト達も，大学やクリニックでの就職が次々と決まっていた。

　松岡先生は「インターンや就職は『縁』や。タケシの力を必要としてくれる場所でタケシが精いっぱい力を発揮できる場所がきっと待ってる。不安や焦りで心に余裕がないと表情がこわばるし，知らんうちにしかめっ面してへんか？　笑う門には福来たるって言うやろ。表情筋の筋トレでもしたらどうや？」と，焦りと不安に押しつぶさ

れそうな僕に精一杯の気遣いをしてくれたが，現状が変わらない今，それでも不安は
募るばかりだった。

　ルームメイトのファイゾンもデミトリアスも夏休みで実家に帰省している。タイガ
ーは4週間の夏期授業を受講しており，毎日忙しいながらも充実した表情がまた僕と
対照的で恨めしかった。

　6月中旬，ラストリゾート（最後の切り札）を求めて NATA コンベンションに出席
するための航空券を予約した。今年の NATA コンベンションはカジノの街として有
名なネバダ州ラスベガスで開催され，日本からも多くのアスレティックトレーナー
（ATC）が出席すると聞いている。この機会にさらにネットワークを広げる意味でも，
ラスベガスに行くことにした。

　タイガーは夏期授業が終わるとすぐに日本に一時帰国したため，シェアアパートメ
ントには僕1人だけが残っている。誰もいないアパートメントにちょっとした僕の歓
喜の声が響いた。コンベンションまで1週間を切ったところで，ようやく電話インタ
ビューの連絡がきたのだ。

「少し急いでいる事情があり，3日後，4日後，5日後の指定した時間に電話インタ
ビューを行いたい。もしまだウチに興味があれば，すぐに連絡が欲しい」と。何も決
まっていない僕にとって，都合の悪い日時などあるはずがなかった。しかしこの連絡
は電話インタビューへの招待というだけだったが，常に1回戦敗退だった僕が遂に2
回戦に進んだのだ。気を引き締めなければならないのはわかっていても，嬉しさのあ
まり誰もいないリビングであの騒音パーティのように感情を身体で表現をした。

　いよいよ電話インタビュー当日，いつもより早く目覚めた。電話インタビューは午
後1時からだ。それでも片時もスマートフォンを肌身離さず携帯していたはずだった。
モーニングコーヒーを入れようと，部屋のドアに手をかけた時，背中越しに今にも消
えそうな着信音が聞こえた。空耳？　スマートフォンならポケットに……ない！　振
り返ると，スマートフォンが小さな音で僕を呼んでいる。ポケットから滑り落ちてベ
ッドの上に放置されたスマートフォンはスピーカー部が布団に抑えられていたため，
音は小さかった。それでも画面には見たことのない市外局番の10桁の番号が並んでい
た。ビーチフラッグに飛びつくように電話に出た。

「This is John Bradley, an associate head athletic trainer at Fort Wayne Col-
lege. Is this Takeyshi … Kainugasa（タキーシー・カイヌガサ）?」

　コロラド州にあるフォートウェイン大学からの待ち焦れた連絡だった。「え？
電話インタビューって1時じゃなかったっけ？」

　日本人の名前の発音はアメリカ英語発音では難しい。

「本当はちょっと発音違うけど」と思い，「Yes, this is TAKESHI KINUGASA」と少し発音を訂正した。

「オッケー，TAh K SHee ね。ところで，ちょっと早いんだけど，電話インタビューは大丈夫？」と断りながらも自分の都合を優先させようとするところがいかにもアメリカ人らしい。

　電話インタビューでは「競技復帰を目指す選手をどのように評価するか」，「試合中の怪我をどのように評価するか」，「傷害予防について，どのように教育するか」，「今までの経験で，最も難しい状況は何？　その状況は今の自分だったらどのように解決するか」など，自らの経験と教科書的知識のハイブリッドが求められる質問が次々とされた。取り繕ってもすぐにボロが出そうな質問に対し，僕も落ち着いて言葉を選びながら全力で答えた。

　手応えはよかった。いや，きっと多くの電話インタビューがそうなんだろうけれど，好感触だった。ジョンは最後にこう尋ねた。

「最後に，タケシは来週の NATA コンベンションに出席するのかい？　もし来るなら，現地で会えれば最高だね。この結果については明日か明後日にはメールで通知するよ。最後に何か質問は？」

　僕が聞いておかなければならないことはやはり就労ビザについてだった。

「このインターンシップの先に，もしチャンスがあれば就労ビザを申請したいのですが，その際はサポートしていただけますか？」と言うと，ジョンの答えは「ビザに関しては，私の口からは答えられないけれど，人事課と留学生課に問い合わせてみるよ」と，ビザに関しては空振りした感がある電話インタビューが終了した。

　好感触だったとはいえ，フォートウェイン大学にとって必要な人材かどうかは彼らが決めること。今夜は人事を尽くして天命を待つのみだ。翌日，早速ジョンからメールが来た。内容は，「もう一度ラスベガスで会って，他のアスレティックトレーニングスタッフ同席で，もう少し話がしたい」と。断る理由は微塵もなく，むしろこちらから頭を下げてお願いしたいくらいだ。

　FWC との面接以外，インターンシップ先の状況は何も変わらぬまま，僕は履歴書を複数セット準備し，ビジネススーツを緩くたたんで，スーツケースに詰めた。

　太陽が西の山際に沈んだラスベガスに到着し，煌々とした光を放つ個性的なホテルが立ち並ぶストリップ通りの一角にあるユウキが宿泊しているホテルに転がり込んだ。

「2 人で泊まった方が宿泊料金半分になるし，ラッキー」と，男 1 人でツーベッドの

部屋に宿泊していたユウキ。ラスベガスは宿泊料金が安いとはいえ，まるでスイートルームのように広い部屋をきっと持て余しただろう。

　翌朝，コンベンションの登録を済ませると，かなり多くの日本人（っぽい人）が目についた。それでも10時にFWCのジョン・ブラッドリーと会うまでは，面接に集中しようと思い，あえて誰にも連絡を取らなかった。

　巨大なコンベンションセンターが入るゴージャスなホテル内の指定された地中海料理のレストランに着くと，左奥のボックス席に3人グループが，右側のテーブルには2組のカップルが既に席についているのが目に入った。3人組のうちFWCのポロシャツに身を包んでいる40代とみられる男性と目が合った。そのアジア系の短髪に短いあご髭を蓄えた男性は眉を少し持ち上げ，目を大きく開いてこちらに歩み寄ってきた。「タケシだよね？　フォートウェイン大学のジョンだ。ジョン・ブラッドリーだ。まぁ席についてから話をしよう」と勧められるまま，4人掛けのボックス席に腰を下ろした。
「ヘッドアスレティックトレーナーのメーガン，メーガン・マクウィリアムスよ」
「私はアシスタントアスレティックトレーナーのミシェル，ミシェル・ノピックよ。会うことができて，嬉しいわ」

　僕からも「初めまして，East Stroudsburg University のタケシ・キヌガサです。いや，正確にはもう卒業してしまったから……日本から来ました」と軽く挨拶を交わした。

　茶・こげ茶・黄・透明と色合い鮮やかな炭酸飲料を飲みながら，電話インタビューの結果を踏まえて，ここで再度複数人からインタビューされることになった。電話インタビューのようにある状況下でどのように対処しますか？のような質問ではなく，アメリカに留学してきた理由や尊敬するアスレティックトレーナーなど，リラックスした感じでインタビューが進んだ。

　段々詳しい大学の紹介に話は移り，30分くらい経っただろうか，メーガンが2人の部下と目を合わせ，ハンドバッグから封筒を取り出した。「今日ここでタケシに会ったのは，私たちもタケシがどんな人物か確認したかったからよ。クロスカントリー／陸上／ゴルフのポジションを埋めたいだけれど，担当はまた変わるかもしれないわ。最後にビザの件だけど，私たちは外国人を雇用した経験があまりないので，学内のいろんな人と調整しなければいけないの。だから今は何とも言えないのは申し訳ないけど，それでもよければ，ここに正式にインターンシップをオファーするわ。私たちもあまり時間がないので，今週末までに返事を頂けると嬉しいわ」と突然のジョブオフ

ァー。今週末までは 4 ，5 日ある。しかし，4 ，5 日待ったところで何も状況は変わらないだろう。だとすれば，僕の状況も説明をして，オファーを受けることに，これっぽっちもデメリットは見つからない。

「I humbly accept the offer.」と，このチャンスを取りこぼさないようにオファーに食いついた。これがたとえ疑似餌だったとしても，今の僕には食いつくことしか選択肢はなかった。まだ正式に決まったわけではなかったが，コンベンションの期間中，誰かと話しているジョンが僕を呼び留め，笑顔で「8 月からウチに来る新しいスタッフのタケシだよ！」として紹介してくれたことから，手続き上のミスさえなければ，という条件付きながら，インターンシップが決まった。

　Job Acceptance Letter*や大学の留学生オフィスとのやり取り，そしてアパートメントの解約やコロラドでの新しい住み家探しなど，にわかに忙しくなった。タイガーには申し訳ないが，彼がアメリカに帰ってきた時，僕はすでにコロラドにいることになる。お詫びと言っては何だが，タイガーにはお米を炊くことができるマルチクッカーを残していくことにした。

フォートウェイン大学でのインターンシップ

　FWC では男女クロスカントリー（秋），男女屋内陸上（冬），男女屋外陸上＆男女ゴルフ（春）と 1 年を通じて 4 つのスポーツを担当することになった。しかし実際はクロスカントリーは陸上部の長距離部門とされていて，屋内陸上も屋外陸上も同じ陸上チームである。したがって僕は男女陸上部（秋・冬・春）と男女ゴルフ部の 4 チームを担当することになった。

　ヘッドアスレティックトレーナーのメーガンを始め，ジョンやミシェルもよくしてくれたお陰で，FWC での居心地はすこぶるよかった。また男子陸上部のジョシュ・サブレットコーチは臨床心理カウンセラーの背景に加えて，社会心理学分野で博士号を取得した素晴らしい指導者だった。

　アメリカではスパルタ指導と熱意を持った指導は全く別と認識され，サブレットコーチの指導法はアスレティックトレーニングのリハビリ指導にも大いに参考になった。全ての練習は個人の特性やコンディションによって綿密に計画され，全ての選手に対して公平に接する。また常に学生アスリートを励まし続ける無尽蔵のエネルギーは彼の細い身体からは想像もできない程だった。そんなサブレットコーチが初対面で言っ

＊Job Acceptance Letter　　採用通知書。

た言葉は今後も僕のアスレティックトレーナー人生において，決して忘れることはないだろう。

　それは「僕は陸上指導のプロフェッショナルだけど，怪我のことは専門外だ。おそらく一般的な知識はあるけど，それはあくまでも一般人が行う応急処置程度だしね。一方タケシは選手の体調や怪我のプロフェッショナルだ。だから，選手の怪我のことはタケシに任せるよ。僕たちが上手くコミュニケーションを取れば，学生アスリートに対して最高の陸上経験をさせてあげることができるんだ。キーワードは『コミュニケーション』だよ」という，陸上チームの中での専門性の住み分けについてだった。

　またその言葉はアスレティックトレーナーとしての責任の重さも認識させるに十分だった。毎日選手のコンディションについての報告を行い，その報告をもとに僕たちはトレーニングのメニューを決定する。できる運動やできない練習，また変更すべきトレーニング種目，練習に復帰するまでの計画など，アスレティックトレーナーからの提案は多岐に渡る。またアスレティックトレーニング部門の運営の面では備品の在庫の管理や発注を担当することで，縁の下の力持ちと言われるアスレティックトレーニングもチームワークで成り立っていることが分かった。この運営に関しては学生の現場実習では決して知ることができないことだった。

　FWC で働き始めて 2 カ月が経った10月10日土曜日，アスレティックトレーナーがさらに大きな輪の一部として機能していることを思い知る事故に遭遇した。

　クロスカントリーの時間が空いた時は，ジョンが担当しているフットボールのホームゲームをサポートすることになっていた。西の空が赤く染まり始めた土曜日の夕刻，6000人収容のフットボールスタジアムには疎らながらも2000人余りの地元のファンが詰めかけている中，試合が開始された。

　試合は 3 クォーター終了間際のタッチダウンにより FWC が42―10とリードしていた。第 4 クォーターに入り膝を負傷した選手に付き添いロッカールームへと続く地下道を歩いていると，試合中に聞いたことのない叫び声のような喧騒が耳に届いた。「何か」が起こったに違いない！と，連れ添っていた選手をその場に残してすぐさまフィールドに戻った。地下道からフィールドへと続く 5 段の階段を一気に飛び越え，観客席から叫び声と助けを求める声が聞こえる右肩後方に目を向けた。観客の中をかけ上がっていくジョンの姿を見つけた僕は，「何が起こっているか分からない!?　何が起こっているか分からないなら，最悪の事態に備えよ」というアスレティックトレーニングの鉄則に従い，サイドライン中央に並べられたトリートメントテーブル脇に置いてあった AED を掴んで，すぐにジョンの後を追った。

　スタンドに上がるには一度フィールドの右端まで行かなければならない。借り物競争のように片手に AED を持ち，観客席に上がる手すりに手をかけ，階段はたった 2 歩で登り切った。ジョンが跪いている観客席中段まで，観衆をかき分けながら駆け上がると，ジョンが振り返るなり「AED を持ってこい！」と叫んだ。

「ジョン，AED はここです！」僕も大きな声で答えた。

「タケシ，俺たちは心肺蘇生を続けるから，AED を使え！」と，観客の 1 人がすでに心肺蘇生（CPR）を開始していた。女性とジョンが大柄な男性に対して 2 人で CPR を続ける中，僕は AED の電源を入れ，70 代であろう男性の衣服を剥いだ。幸いにも胸毛も薄く，右胸上部と左胸側部に電気ショックを与えるパッドをそのまま装着した。

　AED のコネクターを本体に差し込むと，自動的に AED が心電図を解析するため，僕は「解析中です！　みんな体から離れてください！」と指示を出した。AED が電気ショックが必要と判断した。僕は再び「体から離れてください！」と言った後，誰も身体に触れていないことを確認して「SHOCK」ボタンを押した。男性の身体が痙攣を始め，開いた口から舌が覗いている。この時初めて「怖い」と思った。

　ジョンと女性は CPR を再び始めたところで，フィールドの反対側で待機していた救急隊が担架を担いで到着した。女性とジョンが CPR を続ける中，救急隊は「自前」の AED に使用する大き目のパッド装着し，準備が整うとすぐさま「体から離れてください！」と大きな声で指示を出し，続いて電気ショックを与えたところ，男性の身体は大きく痙攣を始めた。

「脈が戻ったぞ！」の声に続いて，男性の目が虚ろながらも開いた。

「脈も強くなってきて，安定してきたよ」と救急隊の 1 人が僕の肩を叩きながら教えてくれた。ようやく男性は息を吹き返したのだ。

　ふとフィールドに目をやると，まるでこの男性の無事を祈るように，全ての選手がこちらを向いて片膝をついて手を取り合っていた。「そうか，試合は中断してたんや」一連の出来事を思い出してみると，ロッカールームへと続く通路から飛び出してからというものの，ジョンの声を除いて，全ての音がシャットアウトされていたかのようだった。

　190 センチはあろうかという大柄な男性は周囲の男性の力も借りてストレッチャーに乗せられ，救急車に搬送されて行くのをジョンと 2 人で並んで見送った。このおよそ 8 分間の出来事は観客の助けを求める声から始まり，観客席にいた看護師の女性がすぐさま駆け付け，他の観客に救急車を要請，ジョンが CPR に加わってすぐ二人法 CPR を開始，直後に僕が AED を使用。その後救急隊に引き渡すという，誰一人と

して欠くことができない役割分担の成果だった。

　ジョンと僕のアスレティックトレーナー2人は大きな「救助の輪」の一部として機能することがアスレティックトレーナーの基本だと、そして救助の輪を支えるチームワークがいかに大切か思い知らされた。

　この日以来、「最悪に備えて」アスレティックトレーニング活動を行うことを僕自身に誓った。

　この事故の件が影響したかしていないのか分からないが、新年が明けて屋内陸上シーズンが始まった頃、メーガンと来シーズンの契約と就労ビザについてミーティングをした。その中でメーガンを含めたアスレティックデパートメントも僕のビザ申請をサポートすると約束をしてくれ、学校を説得するとの確約を得たことで、安堵感と共に僕の就職をサポートしてくれるFWCに恩返しがしたいとの想いが日増しに強くなっていった。

　屋内陸上の選手やコーチは秋のクロスカントリーの時から同じなので、信頼関係も徐々に構築されている実感があった。指導法や心理学について、サブレットコーチからまだまだ学ぶことはたくさんあった。多くの歯車が噛み合い、僕のアスレティックトレーナーとしてのキャリアはさらに前進することとなった。コロラド州の小さな町が誇るFWCへの「愛」も日に日に増していった。

　この歯車がさらに大きな歯車を動かすだろうとの予感が増していた1月28日午前3時、枕元のスマートフォンが僕を夢から目覚めさせた。

日本のスポーツに貢献したい

　アスレティックトレーニングの本場アメリカで、さらに経験を積むチャンスが目の前にある。就労ビザが下りれば、転職することもできるし、さらにキャリアアップすることも可能だ。しかしビザ最長期限の6年間、アメリカで働くことができたとしても、その後に永住権（グリーンカード）が取得することも容易ではない。グリーンカードが取得できなければ、日本に帰国しなければならない。

　日本ではアスレティックトレーニング職はまだまだ発展途上の職業と言われる。近年、スポーツの安全が謳われることも多く、アスレティックトレーニングの必要性も高まってきたことで、需要と供給がマッチしつつある。それでも「勝利を命題として掲げる」指導者にはパフォーマンス向上が優先され、アスリートのウェルネスがない

がしろにされていることも多い。その結果，競技アスリートやスポーツ愛好者の「ウェルネス」を守る議論がなされることも多くはない。また科学的に「誤り」とされる指導をするコーチや選手の異常に気づくことのできない指導者も多くみられる。そこで最新の学術論文を読み解き，アスリートの些細な異常に気づく力を持ったアスレティックトレーナーは，競技アスリートや運動愛好家の「ウェルネス（Wellness）」を守る砦としての働きも期待される。

　そのようなアスレティックトレーニング黎明期にある日本において，スポーツにおける傷害予防から傷害評価，救急・応急処置，トリートメント，そしてリハビリテーションを経て競技復帰までアスリートや運動愛好家のウェルネスをトータルにケアできるアスレティックトレーナーを広小路大学は雇用しようとしている数少ない大学だ。

　広小路大学スポーツ健康科学部の GAT プログラムを経てアスレティックトレーニング留学を果たした僕は，いずれは母国日本のスポーツの発展に貢献を，さらにはチャンスが巡ってくるならば広小路大学へ恩返しがしたいと常に思っていた。今がその「時」なのだろうか。これを好機と呼ばず，何と呼ぶのであろうか。自分を育ててくれた母国，そして広小路大学への恩返しをどのような形で行うのか，またアメリカに残ればどのような未来が待っているのか，何度も自分自身と対話した。このタイミングでの帰国がベストな選択なのか，もう少しアメリカでキャリアを積むことのメリットやデメリット，考え得る全ての可能性を考えつくした結果，ここまでお世話になった FWC には申し訳ない気持ちで押しつぶされそうになりつつ，日本のスポーツ界への貢献を誓い，帰国を決断した。

　日本におけるアスレティックトレーナーの「働き方改革」を待つのではなく，自ら「働き方を改革する」ために，そして日本のアスリートや運動愛好家のウェルネスを向上させることの一助となるべく，この身を捧げることを固く決意した。それから 2 カ月後，僕はアスレティックトレーナーとして広小路大学に着任し，とりわけリスクの高いアメリカンフットボール部を担当することとなった。

（岡松　秀房）

COLUMN

GAT プログラム創設に向けた
アメリカペンシルバニア州へのアメリカ弾丸ツアー

藤田　聡
立命館大学スポーツ健康科学部教授

　立命館大学から学生をアメリカに送り出しアスレティックトレーナーの資格を習得させるために，まずは海外の大学と包括提携を結ぶことが必要でした。その正式な包括提携と大学間との連携を取るにあたって，最初の頃は色々と新しい取り組みばかりで，１つひとつのプロセスには相当の時間を要することもありました。

　立命館大学の学生が海外の大学に留学して授業を受けた場合，その単位の一部を立命館大学に持ち帰って単位認定するという制度は存在しましたが，逆にスポーツ健康科学部で取得した単位をアメリカの大学の授業の単位として読み替えることは認められておらず，まずそこが大きな壁でした。また包括提携や立命館大学の学生が安心して留学できる GAT プログラムの立ち上げには，両大学の国際課や学部事務室，法務コンプライアンスなど，様々な大学の部局が同時に連携しながら作業を進めることが必須でした。英語能力は当然のことながら，ATC の取得に必要な基礎的な理系の知識を事前に学んでいることは，海外に留学してからの授業内容の理解を担保する上でとても重要です。米国の大学教員とは，スポーツ健康科学部のカリキュラムや授業内容について，シラバスを１つひとつ確認しながら打ち合わせ，留学した学生がスムーズに米国で受講し学習できるよう努めました。

　僕自身高校を卒業し米国に渡って大学と大学院で学ぶ経験をした中で，日本と米国の学習システムの大きな違いを実体験してきました。現地学生の学習の仕方や教員の授業運営の違いは大きく異なっても，日本人の特徴でもある勤勉さがあれば，きっとスポーツ健康科学部の学生は成功できると信じて突き進んでいたようにも思います。

　ESU との関係が構築されるまでは，他大学も含め ATC を取得可能な大学を複数訪問しました。時にはフライトが米国現地の夜中に到着し，そのまま空港でレンタカーを借りて現地まで数時間かけて運転して行くなど，今考えればかなり強行な出

張も複数ありました。しかしその頃から大事にしていたのは，先方の担当者とはメールでのやり取りだけではなく，その大学に直接訪問し現地のスタッフと面と向かって話をすることでした。直接目の前で会話することは，様々な問題点や課題を瞬時に抽出し，両者が解決に向けて行動することにつながります。この一体感を持った協働作業を通じて，さらにお互いの信頼感が増すことで様々なプロセスがスピーディーに完結するという大きなメリットもありました。

ESU に関連しては，最初は VOD を用いた遠隔授業システムの運用も考慮していました。これは日本にいてもアメリカの授業が受講可能であるという画期的な授業システムではありましたが，遠隔での授業の場合，目の前で実際に授業を受けるのと大きく異なり，授業を理解するためには受講生の英語力がさらに高いものが求められるという特徴もありました（今本学ではまさにこれらの ICT を用いた授業の活用を検討している最中ですが，米国はこういった面でも一歩先を進んでいるように思います）。

ATC の資格に関しては米国内でのシステムの変更もあり，結果的にスポーツ健康科学部の学生は米国の大学院に進学する形で ATC を取得することになりました。米国で授業を受け実習を現地で行うことは，日本国内で様々なことを学ぶのとは違った学習成果が期待できると思います。今後 GAT プログラムで留学していく多くの学生たちの世界的な活躍を期待しています。

COLUMN

アスレティックトレーナー雇用効果と スポーツ外傷・障害リスク

アメリカ国内の健康管理分野において，スポーツ医学・リスクマネジメントの専門家としてアスレティックトレーナーが果たす役割の重要性が認識され，アスレティックトレーナーという職業が成長を続けています。1999年に35％であった全米における高校でのアスレティックトレーナーの雇用率が，16年間で公立校では70％，私立校では58％まで増加しました[1-3]。米国労働統計局の発表では，アスレティックトレーナーの雇用機会は2028年までに19％増加することが見込まれています[4]。また，この雇用機会の増加および雇用効果が明らかになることに伴い，アスレティック

レーナーの平均給与も年々上昇しています。[5]

　アスレティックトレーナーを雇用することにより得られる効果は莫大です。アスレティックトレーナーの介入により，一般企業の従業員が勤務中に発生する運動器障害[*]を25％減少したことが報告されています。[6]勤務中に発生する運動器障害を減少させるために先行投資することは，会社全体の健康保険負担額を抑えることが可能となり，休職等による人的損失も抑えることが可能です。企業の従業員が健康に勤務を継続することは，仕事の生産性もあがり，結果として企業にとっての利益が向上します。実際に，アスレティックトレーナーを雇用した結果，企業が負担する医療費を50％以上も抑えることができたという報告や，[7]１ドルの安全への先行投資をすることによって，７ドルもの利益を見込めることが報告されています。[6]

　一般企業に加えて，病院や診療所においても，アスレティックトレーナーの雇用は多大な利益を生むことが明らかになってきています。診療所でのアスレティックトレーナーの役割は，患者と医師の間に存在するギャップを埋めることにより医師の負担を減らし医療サービスの効率を上げることです。[8]アスレティックトレーナーが医師の補佐をすることにより，診察患者数が15-30％も増加することにつながり，１日200-1200ドル[9]の利益，年間に換算しておおよそ12万3000ドルの利益を見込めると報告されています。これは，診療所に勤務しているアスレティックトレーナーの年収の２倍以上と言われています。[10]加えて，患者も丁寧で十分な診断や治療方針の説明を受ける時間が確保できるため，患者の医療サービスに対する満足度も上がります。結果的に，アスレティックトレーナーを医師の補佐として診療所で雇用することにより，医療サービスの質も高まり診療所の収益も増加することにつながります。[9, 10]

アスレティックトレーナーの存在がスポーツ外傷・障害リスクへ与える影響

　アスレティックトレーナーをスポーツ現場で雇用することによって，スポーツ外傷・障害の受傷リスクおよび再受傷リスクを低下させることが可能です。ここでは，アスレティックトレーナーが常駐する高校の部活動における選手のスポーツ外傷・障害受傷率および再受傷率を検証した Dr. Pierpoint らの研究についてご紹介します。[11]Dr. Pieropoint らの研究では，イリノイ州シカゴ市内の36の公立高校（111女子サッカーおよびバスケットボールチーム）[12]を対象に，医療情報電子データベースシス

＊**運動器障害**　　運動器（骨，筋肉，靱帯など）が慢性的に酷使されることによって生じる怪我。

テムを用いて, アスレティックトレーナーを雇用している高校とアスレティックトレーナーのサービスを受けていない高校でのスポーツ外傷・障害の受傷率・再受傷率の違いを調査しました。アスレティックトレーナーを雇用していない公立高校と比べて, アスレティックトレーナーを雇用している公立高校の方が, スポーツ外傷・障害の受傷率は低く (アスレティックトレーナーがいない高校は1.7倍外傷・障害を受傷しやすい), 受傷後の適切な処置・治療およびリハビリテーションによって再受傷率も低い (アスレティックトレーナーがいない高校は6.0倍外傷・障害を再受傷しやすい) という結果を報告しています (表1)。

しかしながら, この研究では, アスレティックトレーナーを雇用している公立高校の方が脳震盪の受傷率が高いということが明らかになりました。アスレティックトレーナーがいない高校では, 選手が脳震盪を受傷していたとしても脳震盪と認知・申告されず, 正確に脳震盪を検出することができていない可能性があります。アスレティックトレーナーが常駐する学校において脳震盪の受傷率が高かった理由として, アスレティックトレーナーが脳震盪を受傷した選手を正確に診断することができた結果によるものであると考えられます。脳震盪は重篤な後遺症を残すことやスポーツ死亡事故につながる可能性があり, 脳震盪の診断と適切な対応に関するトレーニングを受けたアスレティックトレーナーの雇用により今まで見逃されていた脳震盪が正確に検出され, 選手の健康・命を守ることにもつながります。

表1 アスレティックトレーナーの常駐の有無による高校生のスポーツ外傷・障害受傷率の差異

	サッカー	バスケットボール
全般：受傷率	42％↓	18％↓
試合：受傷率	33％↓	12％↓
練習：受傷率	51％↓	18％↓
初発率	64％↓	6％↑
再受傷率	83％↓	66％↓
オーバーユース（慢性）障害受傷率	58％↓	31％↓
脳震盪率	88％↑	78％↑

↓はアスレティックトレーナーが常駐しない学校と比べて, アスレティックトレーナーが常駐している学校の方がスポーツ外傷・障害の発生率が低値であることを示す。
↑はアスレティックトレーナーが常駐しない学校と比べて, アスレティックトレーナーが常駐している学校の方がスポーツ外傷・障害の発生率が高値であることを示す。

144

予防は，スポーツ現場において最も効果的で効率の良いアスレティックトレーナーが提供できる医療サービスです。スポーツ外傷・障害を予防することができれば，スポーツ外傷・障害に対する救急救命や，診断，治療，リハビリテーションを行う必要がなくなります。また，スポーツ外傷・障害を予防することにより，不要な医療機関（特に救急救命）の受診が減り，各選手の時間的および経済的負担を著しく減少させることが可能です。さらに，死亡事故や重度の障害を未然に予防することは，スポーツ現場の運営者が多額の費用を請求される賠償責任を避けることもできます。

アスレティックトレーナーの本質

アスレティックトレーナーの責務の内容は多岐に渡ります。しかし，アスレティックトレーナーの本質は，スポーツ外傷・障害・疾病と人命損失の予防および救急救命です。多くのアスレティックトレーナーは，スポーツにおける選手の命にかかわる大事故を経験したことがあるという報告があります。スポーツ現場におけるリスクマネジメント戦略の一貫として，誰よりも優れたアスレティックトレーナーの救急判断力は取り入れられるべきです。特に，The National Center for Cata-strophic Sports Injury Research の報告によれば，過去約30年間でスポーツ中に起こった死亡事故の大半は中学校・高校（80％）で起こっています。医師や看護師が勤める病院や診療所ではスポーツに関わる事故は発生しません。米国にてスポーツ事故裁判で頻繁に争われる争点は，スポーツ現場の運営者の安全配慮義務の不履行（アスレティックトレーナーを雇用していなかったために生じた損害・被害など）です。ユース世代の選手の命を守るためにも，ユーススポーツの現場にて人命を左右する最も重要な役割を担うアスレティックトレーナーの雇用を拡大させることは優先的に解決すべき課題の1つではないでしょうか。

参考文献

(1) Lyznicki JM, Riggs JA, Charmpion HC. Certified athletic trianers in secondary schools: report of the council on scientific affairs, American medical association. *J Athl Train.* 1999 ; 34(3) : 277-276.

(2) Prentice WE. Focusing the direction of our profession: athletic trainers in America's health care system. *J Athl Train.* 2013 ; 48(1) : 7-8.

(3) Pryor RR, Casa DJ, Vandermark LW, Pryor RR, Casa DJ, Vandermark LW. Athletic training services in public secondary schools: a benchmark study. *J*

Athl Train. 2015 ; 50(2) : 156-162.

(4)　U. S. Department of Labor. Bureau of Labor Statistics. Occupational Outlook Handbook Healthcare Occupations: Athletic Trainers. Available at https://www.bls.gov/ooh/healthcare/athletic-trainers.htm. Accessed on September 4, 2019.

(5)　U. S. Department of Labor. Bureau of Labor Statistics. Occupational Employment and Wages: Athletic Trainers. https://www.bls.gov/news.release/ocwage.t01.htm. Accessed on September 4, 2019.

(6)　Halls, C. Executive Summary: Athletic Trainers provide return on investment and decreased injuries in occupational work settings. https://www.nata.org/sites/default/files/ROI_Occupational_Settings_2009.pdf. Accessed September 4, 2019.

(7)　National Athletic Trainers' Association. Athletic Trainers Get Results with Occupational Athletes. https://www.rpta.org/safety/2athletic-trainers.pdf. Accessed September 4, 2019

(8)　National Athletic Trainer's Associations. Physician Practice. National Athletic Trainer's Associations. Physician Practice. https://www.nata.org/professional-interests/emerging-settings/physician-practice. Accessed September 4, 2019

(9)　Pecha FQ, Xerogeanes JW, Karas SG, Himes ME, Mines BA. Comparison of the effect of medical assistants versus certified athletic trainers on patient volumes and revenue generation in a sports medicine practice. *Sports Health.* 2013 ; 5(4) : 337-339.

(10)　Hajart AF, Pecha F, Hasty M, Burfeind SM, Greene J. The financial impact of an athletic trainer working as a physician extender in orthopedic practice. *J Med Pract Manage.* 2014 ; 29(4) : 250-4.

(11)　Pierpoint LA, LaBella CR, Collins CL, Fields SK, Comstock RD. The impact of high school athletic trainer services on medical payments and utilizations: a microsimulation analysis on medical claims. *Injury Epidemiology.* 2018 : 5 : 29.

(12)　Li T, Johnson ST, Koeste MC, Hommel A, Norcross MF. The impact of high school athletic trainer services on medical payments and utilizations: a microsimulation analysis on medical claims. *Injury Epidemiology.* 2019 : 6 : 15

(13)　Robinson B. The value of the secondary school athletic trainer. National Federation of State High School Associations Web site. https://www.nfhs.org/articles/the-value-of-the-secondary-school-athletic-trainer/. Published March 2015. Accessed September 4, 2019.

(14)　National Athletic Trainers' Association. Athletic Training Services. https://www.nata.org/sites/default/files/guide_to_athletic_training_services.pdf. Accessed on September 1, 2019

(15)　Estock P, Simon JE. Prevalence and outcomes of exposure t catastrophic events among athletic trainers. *J Athl Train*. 2018 ; 53(11) : 1098-1102.

⒃ Kucera, KL, Yau, R, Thomas, LC, Wolff, C, & Cantu, RC. Catastrophic Sports Injury Research : Thirty-second Annual Report, Fall 1982-Spring 2015. From National Center for Catastrophic Sport Injury Research at The University of North Carolina at Chapel Hill, NC. https://nccsir.unc.edu/files/2013/10/NCCSIR-33rd-Annual-All-Sport-Report-1982_2015.pdf

⒄ Quandt, EF, Mitten, MJ, Black, JS. Legal Liability in Covering Athletic Events. *Sports Health*. 2009 Jan ; 1(1) : 84-90.

(寺田 昌史)

COLUMN
Long-term Athletic Development(長期的選手育成)について考える

堀 美幸

学校法人立命館一貫教育部アスレティックトレーナー

Part 1 野球投球数と投球傷害リスク

　投球数を制限すると怪我のリスクは低くなると思いますか。残念ながら投球制限をするだけでは，投球傷害（ボールを投げることを理由として起こる怪我）を予防することにはつながりません。ではなぜ，投球制限が議論されているのでしょうか。

　投球傷害を引き起こす最大の要因は，肘や肩を使い過ぎ（オーバーユース），疲労が蓄積した状態で投げることであると示している論文[1-3]もあることから，身体への負担を少なくするための指標の１つとして，投球数制限が大きく取り上げられています。

　試合における投球イニング数や投球数，年間登板回数，先発回数，球速など様々な要因が投球傷害の発生に関係している[1]と考えられています。また変化球を投げることで肩や肘への負担が大きくなり，その球種によって疼痛発生部位に違いが出る[2]ことも報告されていることから，投球数や球種を制限すること[1-5]は怪我を予防するための有効な方法だと考えられます。

　ではほかに必要な要素とは何でしょうか。

　それは正しい投球動作を習得し[3]，同じフォームで投げられる身体を作ることです[3]。プロの選手でも小学生でも，１試合同じフォームで投げ続けることはかなり困難です。よいフォームで長く投げ続けるためには全身持久力や筋力，柔軟性など様々な

体力的要素が必要となります[1,3]。特に成長期における身体の成長速度は個人によって異なり，身体機能に大きな差が出る時期でもあります[4]ので個々の成長に応じたトレーニングが必要です[5]。体の大きさが異なれば，体力や筋力の差が出てくるのは必然です[1,4]。同じ球数を投げてもすべての選手に同じことが起こるわけではなく疲れたと感じる人もいれば，まだまだ投げられると感じる人もいます。また成長過程における骨や軟骨，筋腱は壊れやすく脆い状態にあることから，身体にかかる負担はできるだけ小さくし，少しでも長く良いフォームで投げ続けられるようにトレーニングを行うことは重要です[4]。

　また自分の身体の状態を理解し，整えることも大切な要素です。運動を行うための準備となるウォーミングアップや，練習や試合で激しく動かした身体を日常に戻すためのクーリングダウン。これらは毎日行うことで，自分の身体の変化を知る手掛かりにもなります[5]。調子が悪いと感じることができれば，身体のケアや休息の時間を有意義に使うことができるようになります。

　先に述べたように投球傷害を発生させる要因は多岐にわたります。怪我予防のためのルール作りとともに，選手自身が自分の身体のことを知り，怪我をしない身体作りを行っていくことも投球障害を発生させないための重要な要素です。決められた球数を安定した力で投げ切れる体力や筋力，良いフォームを保つためのバランス能力や調整力，そして疲労を溜めないためのコンディショニングなどリスクを避けるための方法を考えていかなければいけません。投球制限だけでは怪我を予防することは難しいでしょう。しかし投球制限が，投球傷害の注意喚起の「初めの一歩」となり，様々な傷害予防の議論へと発展していってもらいたいと思います。

参考文献

(1)　Olsen SJ, Fleisig GS, Dun S, Loftice J, Andrews JR. Risk Factors for shoulder and Elbow Injuries in Adolescent Baseball Pitchers. Am J Sprts Med. 2006; 34 (6) : 905-912.

(2)　Lyman S, Fleisig GS, Andrews JR, Osinski ED. Effect of Pitch Type, Pitch Count, and Pitching Mechanics on Risk of Elbow and Shoulder Pain in Youth Baseball Pitchers. Am J Sprts Med. 2002; 30(4) : 463-468.

(3)　Melugin HP, Leafblad ND, Camp CL, Conte S. Injury Prevention in Baseball: From Youth to the Pro. Curr Rev Musculoskeltal Med. 2018; 11 : 26-34.

(4)　Greenberg EM, Lawrence TR, Fernandez-Fernandez A, Shah K, McKenna C, Mc Clure P. Physical and Functional Differences in Youth Baseball Players With and Without Throwing-Related Pain. Orthop J Sports Med. 2017; 5811) : 1

-7.

(5) 日本臨床スポーツ医学会誌2015；13（Suppl.）：241-242.

Part 2 サッカーのヘディングと脳震盪

2015年，アメリカで10歳以下の選手のヘディングを禁止すると発表されてから[1]，ジュニア選手のヘディングに関するガイドラインを見直す動きが広まりました。日本ではサッカー協会からヘディングに関する通達はなく，現在も各チームがそれぞれに対応を行っているのが現状です。広辞苑によるとヘディングは[2]，「サッカーで，頭でボールを受け，または突くこと」と説明されています。決して頭と頭をぶつけるプレーではありません。ではヘディングを行うと脳震盪になるのでしょうか。

アメリカの高校サッカー選手におけるヘディングと脳震盪の関連について書かれた根拠に基づく Comstock RD らの論文[3]によると，脳震盪の受傷機転としては選手同士の接触を原因とするものが最も多いと報告されています。脳震盪を誘発するサッカー特有のプレーとしてはヘディングが受傷機転となることが最も多いが，そのうちの80％近くがヘディング中に他選手と接触したことが原因で受傷していると報告されています。ヘディングで頭にボールを受けた時の衝撃は，ボールスピードにもよりますが，およそ0.45kg[4]。この衝撃を試合中に1，2度受けたとしても短期的な脳への影響はほとんどないとする論文があります[5][6]。また一方で長く競技を続けると競技レベルも高くなることから，ヘディングが認知能力に影響を及ぼす可能性が高くなると示しているものもあります[6]。

ヘディングは，サッカー特有の他の競技には見られないプレーです。サッカーという競技を行っている以上，ヘディングを避けて試合を行うことは極めて困難です。ではヘディングを安全に行うためにできることは何でしょうか。衝撃を受ける脳へのリスクを少なくするためには，ヘディングを行う際に必要となる頸部の筋力を鍛えることが重要だということは容易に想像がつきます[4][5]。またジャンプをして競り合うことの多いプレーですので，ジャンプ姿勢の保持のための筋力強化も必要になります。そして最も重要なことは正しいヘディングテクニックを習得すること[4]。しかしいつどのタイミングでヘディングを始めるとよいか，どのくらいの練習時間や回数であれば脳障害のリスクを高めずに技術を習得できるのかなどという答えは未だ出ていません。

ヘディングを行うことで脳機能に何らかの障害が発症する可能性が示唆されています。またヘディング中に起こる他選手との接触で脳震盪が起こる可能性が高いこ

とも示されています。医科学が進歩した今だからこそ，安全にプレーを行うための身体機能の強化や技術取得に適した時期，方法などについて，検証を行ってもらいたいと思います。そして私たちは，新しく正しい知識を学びながら安全にスポーツができる環境を作らなければいけません。今のこのプレーが将来の障害発症のリスクに繋がらないよう，見識を広げ指導を行っていかなければいけません。

参考文献

⑴　Yang YT and Baugh Cm. US Youth Soccer Concussion Policy: Heading in the Right Direction. JAMA Pediatr. 2016; 170(5): 413-414.

⑵　広辞苑第六版．岩波書店：17724.

⑶　Comstock RD, Currie DW, Pierpoint LA, Grubenhoff JA, Fields SK. An evidence-Based Discussion of Heading the Ball and Concussions in Hight School Soccer. JAMA Pediatr. 2015; 169(9): 830-837.

⑷　Spiotta Am, Bartsch AJ, Benzel EC. Heading in Soccer: Dangerous Play? Neurosurgery. 2012; 70: 1-11.

⑸　Gutierrez Gm, Conte C, Lighbounme K. The Relationship Between Impact Force, Neck Strength, and Neurocognivive Performance in Soccer heading in Adolescent Females. Pediatr Exerc Sci. 2014; 26: 33-40.

⑹　Maher ME, Hutchison M, Cusimano M, Comper P, Schweizer TA. Concussion and Heading in Soccer: A Review of the Evidence of Incidence, Mechanisms, Biomarkers and Neurocognitive Outcomes. Brain Inj. 2014; 28(3); 271-285.

おわりに

　馬の記録と人の記録の変遷を比較したデータがあります。馬の記録は，ケンタッキーダービー，人の記録は1マイル（約1.6 km）競走の記録で，1900年からの100年間をみてみると，馬の記録は1950年までは記録向上が認められますが，それ以降はほぼ横ばいとなって伸びが止まっています。一方で，人の記録は，人類の限界と言われた1マイル4分の記録も難なく更新され，大きな流れでみればこの100年間伸び続けています。記録の更新には，トレーニング，栄養，用具・道具，施設などの改良・改善が貢献しているのは間違いありませんが，そのような改良・改善をアスリートが自らの意志で取り込み，日夜努力を積み重ねた成果としてパフォーマンスは向上します。自らの限界，人類の限界を超える挑戦に向け，最大限の努力を積み重ねるアスリートの姿に人々は共感し，そして試合で実現されるパフォーマンスに人々は感動を覚え，大きなエネルギーをもらうことになります。当然のことながらアスリート自身が，その挑戦を通じた大きな成長と発展を手に入れることはいうまでもありません。

　年齢や競技レベルを問わず，スポーツにおけるパフォーマンス向上を目指すトレーニングは，現状の身体的限界を超えるものになります。そのため適切なコンディショニングを含めた調整がなされなければ，スポーツ傷害や故障のリスクを高めることになります。スポーツの高度化を目指す上で，安全な環境（施設，スタッフなど）を保障することができなければ，安心してスポーツにおける挑戦（自らを超える，人類の限界を超える）の経験を得ることはできなくなります。競技レベルにかかわらず，「できなかったことができるようになった」経験をすることは，自己肯定感を高める意味でも重要なものであり，その経験が積めずに，スポーツ傷害により「スポーツができなくなる」「スポーツが嫌いになる」ことは，この分野で教育・研究を行う者にとって最も避けるべきことです。

　世界基準で活躍できるアスレティックトレーナーが，スポーツを安全に行える環境の構築に貢献し，ジュニアからトップレベル，マスターズのアスリートを十分にサポートできる体制を整えるには，本書の主人公である「タケシ」のような人財が多く育

つ必要があります。そのために，立命館大学スポーツ健康科学部の１つの挑戦として
GAT プログラムを開設しました。この分野をさらに充実発展させることで，より多
くの方に安全な環境の中で，安心して自らの目標に挑戦し，成長すること，発展する
ことを，スポーツを通じて経験してもらいたいと願っています。そして，多くの人々
にとってスポーツが非日常ではなく，日常の中に溶け込んだ社会になることも願って
います。

　本書は，立命館大学スポーツ健康科学部・大学院スポーツ健康科学研究科の10周年
記念事業の１つとしてまとめたものです。10年一昔といわれるように，あっという間
の10年間で，世界全体を見渡しても大きな変化があり，テクノロジーは予想を遙かに
超えるスピードで進展しています。Society5.0，いわゆる「超スマート社会」が到来
し，仮想空間と現実空間が高度に融合し，多様なニーズにもきめ細やかなサービスが
提供され，快適で活力ある生活が実現できる時代となっていくといわれています。こ
のような時代になっても，我々は自分の身体から離れることはありません。むしろ，
より身体への関心が高まり，その身体を通じた考え，アイデアがより求められる時代
になるでしょう。その意味でも，GAT プログラムを通じた人財育成にとどまらず，
「スポーツ健康科学」を学んだ学部生・院生が，これまでの進路先ならびにこれから
広がっていく進路先・キャリアの中で社会を発展させてくれることを期待しています。

　本書の制作は，2019年５月28日に第１回目の編集会議を開催したところからスター
トしました。この物語の柱である GAT プログラムが開設されるまでの歴史的流れは，
「はじめに」で綴らせてもらいました。実は，本書制作につながるもう１つの歴史が
あります。本書のメインストーリーをまとめてくれたのは，編集委員の岡松秀房さん
（ATC）です。岡松さんには一番多くの労を執ってもらいました。岡松さんの奮闘が
なければ，完成にこぎ着けられなかったでしょう。岡松さんは立命館大学卒業生で，
本学出身者の中で最初にアスレティックトレーナー（ATC）の資格を取得しました。
当時，スポーツ健康科学部はなく，政策科学部出身でアメリカに渡ってアスレティッ
クトレーナー（ATC）の資格を取得し，さらに博士号を取り，スポーツ現場と教育現
場での経験も積んでから GAT プログラムの教員として本学に戻ってきました。彼の
GAT プログラムならびに学生への教育的愛情によって，本書の主人公のモデルとな
った第一号の修了生を送り出すことができました。
　編集委員の寺田昌史さん（ATC）はアメリカの大学，大学院で学び，極めて高い研

究力をもった若手研究者です。彼のアメリカでのネットワークの広さと深さが，GAT プログラムの発展に大きく貢献しています。今後，GAT プログラム生が増加することを見込んで，さらに多くの大学院と提携できるよう結節点となってくれています。編集委員の下澤結花さん（ATC）は，2019年から GAT プログラムの教員として参加してくれました。これまでのスポーツや医療の現場での豊富な経験と実績をもとに，学生を熱心に指導してくれています。また，編集会議でも丁寧な対応で細かなところまで点検してくれていました。編集委員の島田大輔さんは，スポーツ健康科学部の事務室職員として，本書制作にかかわる事務的な手続き，調整をいつも穏やかで冷静かつスマートに進めてくれました。

編集会議は 6 回ほど開催しました。編集委員の常に前向きな姿勢と行動および柔軟な発想によって執筆，編集作業は進められました。ただし，予定通りの期日に間に合わせることができたのは，これまでの編集会議すべてに，（株）晃洋書房の吉永恵利加さんが参加してくださったおかげです。ときおり脱線してしまう会議にも辛抱強くお付き合いいただき，プロの編集者としての観点から，物腰柔らかでかつ的確な表現で編集の軌道を整えていただきました。常に温かい目線で支えていただきました吉永恵利加さんに心より感謝申し上げます。

本書は，編集委員のほかに多くの方にご執筆いただき，インタビューにお答えいただきました。ご多忙のところ，本書の趣旨にご理解いただき，ご協力いただいたことに心よりお礼申し上げます。

最後になりますが，10年先である2030年を見据えて，立命館大学スポーツ健康科学部・大学院同研究科は，さらなる発展を目指して歩みを進めて参ります。そのビジョンとなるのが CREA（イタリア語で「創造」という意味）です。

CREA の文字の 1 つひとつに，次の意味をつけています。

C：Collaboration　（紡ぐ）
R：Resiliency　（挑む）
E：Edge　（極む）
A：Attraction　（輝く）

このビジョンにもとづき，さらなる教育，研究，社会連携，未来創造を積みあげていくことになります。とりわけ，GAT プログラムにおいては，連携先となるアメリカの大学院との提携を充実発展させ，現在の教育プログラムにさらに磨きをかけ，こ

のGATプログラムでしかなし得ない新しい知の創造，そしてそこで生み出される人財と成果を，世界へ発信していくことになります。

　GATプログラムも含めまして，立命館大学スポーツ健康科学部・大学院スポーツ健康科学研究科への引き続きの注目，期待とともにご支援のほどお願い申し上げます。

　2020年4月1日

桜満開のびわこ・くさつキャンパスにて

伊 坂 忠 夫

著者紹介 (執筆順)

平 井 晴 子 (ひらい はるこ)
　女子ラグビー日本代表 コンディショニングコーディネーター
　立命館大学を卒業後，サンディエゴ州立大学に留学，ATC を取得。2013年，女子 7 人制ラグビー日本代表ヘッドアスレティックトレーナーに着任。2016年リオデジャネイロオリンピック帯同後，現職に着任しアスレティックリハビリテーションを担当する。

下 崎 陽 平 (しもざき ようへい)
　アーカンソー大学モンティセロ校 アシスタントアスレティックトレーナー
　立命館大学スポーツ健康科学部を卒業後，渡米。イーストセントラル大学卒業後に ATC を取得。2017年アーカンソー大学モンティセロ校自然科学部に編入と並行し現職に着任。2019年に同学部を卒業後，同校の大学院教育学部に進学し体育学と指導学を学ぶ。 3 つの学士号を所持。

細 川 由 梨 (ほそかわ ゆり)
　早稲田大学スポーツ科学学術院 講師
　2016年コネチカット大学大学院キネシオロジー研究科運動生理学専攻博士課程修了。同大学 Korey Stringer Institute でのポストドクトラルフェローを修了後，2018年に帰国。立命館大学スポーツ健康科学部講師を経て，現職。

堀 　 美 幸 (ほり みゆき)
　学校法人立命館一貫教育部 アスレティックトレーナー
　高校を卒業後，米国マサチューセッツ州の短大に入学。卒業後，ペンシルベニア州立大学に編入しアスレティックトレーニング学を専攻。ATC を取得し，日本国内の複数大学のラグビーチームに従事。2019年より現職。

東 　 伸 介 (ひがし しんすけ)
　大東文化大学を卒業後，米国ニューメキシコ大学に留学。卒業後に ATC を取得。1998年に立命館大学へ着任し，複数の体育会クラブのケアをするために大学に雇用された日本初のアスレティックトレーナー（ATC）となる。JATO 元副会長。

鈴 木 拓 也 (すずき たくや)
　Intern Athletic Trainer at Upper Iowa University　GAT 1 期生
　立命館大学スポーツ健康科学部発足の GAT program 1 期生として2017年 7 月に East Stroudsburg University of Pennsylvania（ESU）に入学。その後2018年 3 月に立命館大学を卒業。2019年 5 月に ESU を卒業し，同時期に ATC を取得。2019年 8 月から現職に着任し，大学スポーツの現場で働いている。

山 本 和 広（やまもと　かずひろ）
　East Stroudsburg University 大学院 2 回生　GAT 2 期生
　2018年 East Stroudsburg University に入学，高校部活動や大学アメリカンフットボール部で現場実習
　を経験。2020年春セメスターはニューヨークのダンサー専門クリニック・Harkness Center for Dance
　Injuries でインターン予定。将来は芸術分野での活動を目指す。

谷 山 大 季（たにやま　だいき）
　Spalding University 大学院 2 回生　GAT 2 期生
　立命館大学スポーツ健康科学部卒業後，米国 Spalding University に留学。授業や研究プロジェクトで
　知識を得ると共に，高校・大学の部活動，理学療法クリニック，病院で現場経験を積む。将来はスポー
　ツ現場，教育など多方面での活躍を目指す。

Gerard D. Rozea
　East Stroudsburg University アスレティックトレーニング学部学部長・准教授　Ph. D, ATC
　East Stroudsburg University（ESU）を卒業し，ATC を取得。その後同大学で修士号，フロリダ大学
　にて博士号を取得。アスレティックトレーナーとして，大学で様々なスポーツを担当。また，ステッソ
　ン大学，ロック・ヘブン大学でアスレティックトレーニングプログラムディレクターやクリニカルコー
　ディネーターを経験し，2006年 ESU にて大学院アスレティックトレーニングプログラムディレクター
　と准教授に就任，2015年より現職。

松 野　　純（まつの　じゅん）
　Spalding University ヘッドアスレティックトレーナー
　立命館大学サービスマネジメントインスティテュートを卒業後，米国ウィルミントン大学に留学後，
　ATC を取得。その後，イースタンケンタッキー大学大学院で修士課程修了。ジョージタウンカレッジ
　やウェストバージニアウェズリアン大学でアスレティックトレーナーとして様々なスポーツを担当。
　2016年に現職に着任し，男女合わせて14スポーツを担当している。

藤 田　　聡（ふじた　さとし）
　立命館大学スポーツ健康科学部 教授
　2002年南カリフォルニア大学大学院博士課程修了 博士（運動生理学）。2006年テキサス大学医学部内科
　講師，2007年東京大学大学院新領域創成科学研究科特任助教を経て，2009年より立命館大学。

編集委員紹介 （執筆順）

伊 坂 忠 夫（いさか　ただお）

学校法人立命館 副総長 立命館大学副学長 スポーツ健康科学部 教授

立命館大学産業社会学部を卒業後，日本体育大学大学院に進学，助手などを経て，1992年立命館大学理工学部着任。1998年スポーツ強化センター設立時の副センター長。2008年スポーツ健康科学部開設設置委員会事務局長。学部開設後は，副学部長，学部長を経て現職。文部科学省 革新的イノベーション創出プログラム（COI Stream）における「運動の生活カルチャー化により活力未来をつくるアクティブ・フォー・オール拠点」の研究リーダー。博士（工学，立命館大学）。

岡 松 秀 房（おかまつ　ひでふさ）

立命館大学トレーナー室設置準備室ディレクター

立命館大学政策科学部を卒業後，米国ノースダコタ州立大学に留学し，ATC 取得。同大学においてフットボール，男女バスケットボール，男女クロスカントリー担当のアスレティックトレーナーとして働きながら，博士号取得。また米国女子レスリング代表合宿メディカルスタッフとしても経験を積む。帰国後は立命館大学スポーツ健康科学部で GAT プログラム担当教員を経て，現職。

寺 田 昌 史（てらだ　まさふみ）

立命館大学スポーツ健康科学部 講師

2008年ネブラスカ大学カーニー校（UNK）アスレティックトレーニングプログラム修了後（学士），ATC を取得。UNK 卒業後は，2010年にオハイオ州立トレド大学運動大学院運動科学研究科修士課程修了，2014年に同大学院運動科学研究科博士課程を修了し，2014年から2016年 3 月末までケンタッキー大学大学院健康科学・リハビリテーション学研究科で博士研究員として勤務。トレド大学・ケンタッキー大学在籍中は，ユーススポーツ（高校・中学・クラブチーム）を中心にアスレティックトレーナーとして活動。2016年 4 月より立命館大学スポーツ健康科学部に助教として着任し，2019年 4 月から現職。

島 田 大 輔（しまだ　だいすけ）

学校法人 立命館 専任職員 スポーツ健康科学部事務室所属

立命館大学政策科学部を卒業後，学校法人立命館に入職。2018年 5 月より，スポーツ健康科学部事務室に所属。

下 澤 結 花（しもざわ　ゆか）

立命館大学スポーツ健康科学部 助手

米国セントラルアーカンソー大学に留学。卒業後に ATC を取得し，A. T. スティール大学で修士課程を修了。日本に帰国後は，子供からシニア世代，アスリートに限らない幅広い層の方々を対象にアスレティックトレーニングサービスを提供。2019年に現職へ着任し，GAT プログラムを担当。また，立命館大学応援団チアリーディング部のアスレティックトレーナーも担当している。

グローバル・アスレティックトレーナー
がつくるスポーツの未来のかたち

2020年4月20日　初版第1刷発行	＊定価はカバーに 表示してあります

	編　者	立命館大学 スポーツ健康科学部ⓒ GAT プログラム
編者の了 解により 検印省略	発行者	植　田　　　実
	印刷者	江　戸　孝　典

発行所　株式会社　晃　洋　書　房
〒615-0026　京都市右京区西院北矢掛町7番地
電話　075（312）0788番代
振替口座　01040-6-32280

装丁　高石瑞希　　　　印刷・製本　共同印刷工業㈱
ISBN978-4-7710-3351-1